我不是挨打就會趴下的人

跌倒後拍拍灰塵、挺起背脊往前走得更堅定

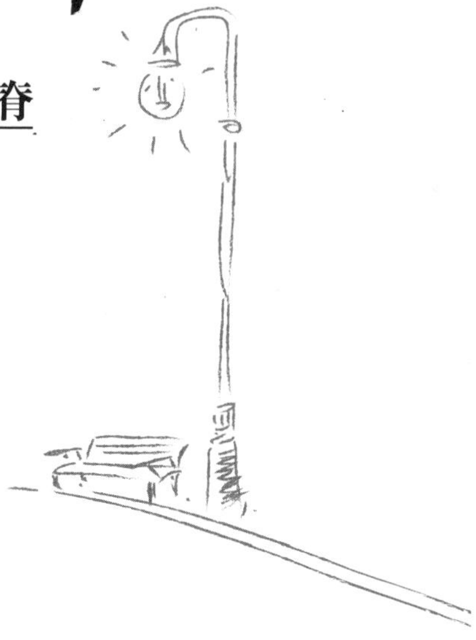

神老師 & 神媽咪（沈雅琪）——著

推薦文

學會鼓起勇氣吧！

光光老師（廖笙光）（奇威兒童專注力教育中心執行長）

每個孩子都是一扇窗，透過不同的角度來看世界；只是如果你沒有蹲下，就永遠不知道他看到的是什麼。

我們活在不斷競賽的世界，每天需要不停努力，但生活卻不一定是一份漂亮的成績單，如何從中學會「妥協」與「堅持」，考驗著我們的智慧。

或許你喜歡看連續劇，但現實生活往往比戲劇更有說服力。讓我們一起從書中看看神老師＆神媽咪的故事，為了孩子、為了自己，學會鼓起勇氣吧！

推薦文

成為更有愛的人

沈慧蘭（賽車手殺手蘭）

那一年姐姐迷上了烘焙，我私心竊喜的想著：「啊！總算有件事讓她轉移注意力了！她終於要花點時間做自己喜歡的事了嗎？」在那之前的十幾年來，姐姐總是為了學生的大小事，甚至是學生的家庭勞心勞力，也常為弱勢族群奔走。雖然做善事和為孩子們付出都是好事，但身為姐妹看在眼裡，難免會心疼她太累，尤其是當她被無知的酸民批評，真的無法明白這些人是怎麼了？為什麼姐姐做這麼多好事，還要承受這些莫名的指責？

沒想到迷上烘焙的姐姐，並沒有如我想像的從此轉移生活重心，反而把烘焙和做善事結合在一起。

母親節前義賣三百條蛋糕捲，還有義賣手作鳳梨酥，姐姐自己花了幾萬元買所有食材，再花好幾個禮拜烘焙，而所有善款都捐給慈善機構。

我永遠忘不了那幾個週末回到娘家時，全家總動員在客廳包裝鳳梨酥。雖然我包得像被偷吃過的成品，讓我很快就被姐姐解聘，只需要在旁邊看就好，但這件事讓我深深明白，原來「打從心裡想助人是種天性」，所以無論接觸了什麼新事物，還是會透過新的方式延續助人這件事，而這幾年的姐姐一直都是這樣。

我也終於明白，不是只有她周遭會發生這麼多不幸的案例，是因為「只有願意正視他人困境和伸出援手的人，才會看到他們的需要」，而這個人，就是跟我同血緣卻肯定不同基因的姐姐。她那堅持做好事的執著與性格，也讓她成為不會輕易被困境擊敗的人。

其實我也是姐姐的粉絲，每天早上讀她的文章，透過她的分享，會讓我靜心思考對孩子的教育方式，也讓我想成為更有愛的人，想和她一樣堅強勇敢面對各種難關。這些文章帶來的啟發和感動是無價之寶，每一篇都值得反覆閱讀和珍藏。

推薦文

一道有光的背影

林怡辰（彰化縣原斗國中小教師）

習慣在早上閱讀神老師的臉書，她每天會給世界一篇禮物：有條不紊的愛著三個孩子的點滴、認真老師不放棄的日常、全省跑遍替特殊教育發聲的堅持、熱心公益的柔軟，當然還有放閃工程師的強光……

閱讀神老師的文字，總讓人被她澎拜的愛而感動。即便如此忙碌、生活多重挑戰，她卻能將一簍簍的酸檸檬，烘焙成甜心的奇蹟，抵擋幽暗人性和厭世攻擊下的流言蜚語，並用信念和強大內在化為一道有光的示範背影，讓人讀來溫暖、幸福、有滋味。

推薦文

我會陪你一起慢慢走

洪仲清（臨床心理師）

「忍耐，從來沒辦法讓惡意停止。」

我的朋友中，有人關心特殊兒童、弱勢清寒，或者預防霸凌，因此常轉沈老師的文章。我自己長期看著沈老師的臉書分享，雖然斷斷續續的，也好幾年了。

直到有一次直播，跟沈老師一起討論她的書。親自見到她的人，非常驚訝，那天即便她話不多，但充滿俠氣。我這麼多年來，看過的人不少了，具有這種氣質的人真是相當少見！

在她拿出餅乾跟台式馬卡龍之後，我又感覺心被融化了。直播一開始，我就在鏡頭前吃了起來，心裡迴盪著：「好懷念的味道啊……」那甜甜蜜蜜的感覺實在經典。直播吃點心的畫面帶著趣味，也被一些朋友羨慕。

俠氣再加上柔情，這幾乎無敵！

沈老師的行動力超強，不管是媽媽還是老師角色，如果看過她的書或臉書文章，大概都不難體會。說實在話，對大部分人來說，可能不知道這些分享，需要有多大的勇氣，因為常可能被議論與攻擊。

這點我個人是點滴在心，特別知道其中的酸甜苦辣。目前我臉書上追蹤的人數也超過三十萬了，足以招來非議。

儘管在作法上每個人不盡相同，但有人率先站出來分享，帶動討論，能喚醒大眾注意，這很有意義。分享出來的做法不一定最好，但我們的想法與做法就是一個參考，每位讀者再依據自己不同的能力與環境限制，站在我們的基礎上進行調整，或者知道此路不通也很好。

但是沈老師顯然比我勇敢，她分享的深廣度，我遠遠不及。我很久以前就佩服她的工程師神隊友了，這次看到沈老師的浪漫筆調，我的膝蓋算是已經給出去了。

「這也敢寫……」這是我在腦海中想像，膝蓋跪下來對著沈老師書稿膜拜的同時，伴隨的馬景濤式吶喊。

「沒有停止不了的霸凌，冷漠和放任與霸凌同罪。」

我自己長期跟老師、家長、學生討論霸凌議題，輔導過被霸凌的、霸凌別人的學生，還有旁觀者。我自己很清楚，霸凌的原因盤根錯節，主要是整體社會常見到各種類霸凌的行為，有時罵得越兇，越能得到群眾的附和。然後家庭中的言語、肢體、關係霸凌，可能被視為一種教養手段，短時間內也難以停息。

及時的行為處遇（intervention）很重要，關懷霸凌者的情緒、提升被霸凌者的交友技巧，還有旁觀者的警覺與通報，那要同時思考。沈老師面對霸凌議題相當積極，溫暖陪伴，教導告誡雙管齊下，以及帶著孩子設身處地去同理，這些都有機會讓孩子表現出更多的正向行為。

「……看見每個孩子的需要，讓每個孩子得到需要的照顧，讓每個孩子在她的能力範圍裡得到成就。」

「愛」是在我們的能力與孩子的需要中間的交集，這交集需要花時間去尋找。

有時候一個孩子要陪個半年、一年，才可以看到明顯的進步。有時候投入了很多時間，還是進步有限，這也不奇怪；栽種了種子，各種條件俱足才會發芽！

讓孩子感覺被愛，他就有機會找到出路，儘管時間長短不一。

跟同業聊天，特別是專注做兒童的，常會被要求在短時間之內要「解決」孩子的問題。操之過急，本身就容易造成問題。

也許我們可以跟著沈老師的文字引導，學習等待與肯定，陪孩子、陪自己一起慢慢走。祝福您！

推薦文

陪您度過未必容易的生命歷程

胡展誥（諮商心理師）

神老師在我的心中，擁有如神一般的毅力。在親職教養上，她從數不清的挑戰中鼓起勇氣、直球對決，陪伴著孩子跨越一道又一道的困難。她總是懷抱持續學習的熱情，即使在教養這條路上，已經有超過十六萬粉絲跟著她一起學習。

現在，她用充滿溫度的文字，將自己在個人成長與教養過程中數不清的挫折與嘗試書寫成這本書。

如果您也正因各種困境費盡心思、挫折無力，推薦您翻開這本書，讓神老師陪伴您一起度過這條未必容易、卻極其珍貴的生命歷程。

推薦文

一點都不平凡的神老師

彭菊仙（親子作家）

因為長期身為神老師的頭號粉絲，所以這本書的內容我大致都熟悉。這本著作彷彿是神老師將零零散散的照片集結而成的一本系列相本，讓讀者能從縱向面來理解她何以能成為今日如此堅韌、能幹、不輕易被打趴、不斷發揮生命光輝與影響力的意見領袖；再從橫向面擴展，讓讀者走進她的感召，甚至願意投入她所號召的每一件善行義舉。

看起來，神老師大部分的文章不過是類如尋常家庭每天都可能發生的日常小事，描述的方式也極其質樸自然、不強調雕琢修飾，但神奇的是，神老師就是有辦法在每天甫一貼文便吸引成千上萬的鐵粉甘心按讚，底下的留言更是爆滿。

讀者們如此給力，神老師到底是有何神力？

首先，我必須說，看似平凡人妻人母人師的神老師的確具備了一般人所缺乏的紀律與毅力。我曾經向神老師請教，她身為三個孩子的媽，每天又要趕早去學校上班，何以能每天分秒不差的在早上七點準時貼文？如果讀者夠死忠，更會發現神老師幾乎是三百六十五天，天天貼文，沒有一天例外，若稱為她「公務員型網紅」，一點也不為過！

神老師的答案是我幾輩子都無法企及的！她每天準時透早四點以前就起床，然後開始烤餅乾、備早餐，在等待的時候就構思大綱，接著，再利用孩子起床前完成寫作。我所認識的網路作家與寫手非常多，說實在，幾乎沒有一個人能如此高度的自我要求。

從神老師此種人格特質，我便能理解，為何她能把每一個角色都扮演得恰如其分，且事事用心、仔細、投入、付出、有效率！因為她的一輩子恐怕相當於別人的三輩子，她相當善於規劃時間，執行力又宇宙無敵強！

而閱讀本書，我又能從神老師的成長歷程追溯其人格特質的生成原因。神老師從求學、工作，到家庭生活、養兒育女，老天爺沒有一處不給她刁難：大學重考，國文連低標都沒有，她曾一度自卑到覺得配不上男友而想分手；在教職路上碰到刁鑽難纏的主管；最難面對的是，她有一個生下來就比別人需要耗費心神難照顧的女兒，連兩個兒子在求學時都很不幸的遭遇嚴重的霸凌。

衰事不斷並沒有讓神老師變成怨天尤人、自暴自棄的厭世者，她反而將失敗與挫折化為別人無法擁有的珍貴養分。特別是她的女兒，我看到她因為這個小天使，不僅變得比一般人更加堅韌且勇敢，更湧生出無以丈量的憐憫心與慈悲心。正因為感同身受女兒所受的苦，所以神老師更能夠將心比心，理解到弱者、貧者、匱乏者的痛。

一個平凡的媽媽、小學老師做了太多一般人、甚至有錢人做不到的事情。她帶動讀者一起幫助偏鄉的孩子有新鞋穿，有飯可吃；鼓勵沒有資源的弱勢孩子建立自信；費心幫他們一一找到舞台……點點滴滴實在說不盡。更有一次，神老師竟然在幾小時內就幫花東山區募到購買一部早療巡迴車的資金。最近，我還看到神老師自掏腰包為閱讀障礙的孩子購買一枝一枝點讀筆，神老師千金散去終不悔！

看似平凡的神老師，在我眼中實在一點也不平凡啊！我打從心裡敬佩神老師，因為我知道我能做的不及她十分之一！

這樣大愛大義的神老師，其實背後有一股暖暖甜甜的小情小愛支撐著她，那就是曾經讓她自覺追趕不上、配不上的優秀男友，也就是她的男人「工程師」！神老師之所以能如此義無反顧，正是因為這個暖男永遠跟神老師說：「你就去做，我永遠支持你！」

如同女中豪傑的神老師只要一面對工程師，就自動化為一個軟綿綿的小女人，可愛、嬌柔，像一隻貓。誰說神老師不會被打趴呢？工程師和她的纏綿悱惻，讓神老師完全破功啦！這一點，更是我由衷佩服，想學卻學不來啊！

關於神老師不被打趴的勵志故事以及被工程師化到趴的種種浪漫，都收錄在這本精采著作裡。大家一起來圈粉，學著堅韌更撒嬌啊！

推薦文

為跌宕起伏的人生，留住最美的詮釋！

溫美玉（溫老師備課party創始人）

人的一生中，要面對的第一個角色，就是自己。太陽王路易十四曾說：「人若能征服自己，便能征服一切。」在跌跌撞撞的人生境遇中，找出「我想要成為什麼樣的人？」的答案，那麼接下來的人生道路，你將能走得更篤定踏實。

人生＝全力以赴做好每個角色

我們常說：「大人的世界是複雜的！」在成為大人後，我們擔任的角色將越來越多樣且難度增加（因為需承擔更多責任），過去只是自己、學生、兒女，到長大後要成為父母、伴侶、職場人士等。在不同角色間自如的轉換，是每個大人都要學習的技能。

從雅琪的身上，我發現她的人生經歷，促使她早早便了解自己，是個兼具真誠、叛逆、反骨、不妥協與正義的個體。這樣的自我認清，也讓她在媽媽、伴侶、老師還有自己這四種角色上，都能活出自己的原則。這本書，便是雅琪針對自己人生中的四個重要角色，留下最真摯的故事與省悟。最令我動容的，是雅琪面對每個角色，都能全力以赴，在她的筆觸中，我看到這些角色的工作量，讓她的時程滿檔，斷了社交生活，斷了運動，但仍舊斷不了她對角色的熱忱，真心對待在她每個角色中出現的所有人。

兼具「穩定」又「靈活」的人生態度

曾讀過心理學老師武志紅對自我的絕妙比喻：「人的自我也外殼也有內在，若包覆一個人的外殼材質越堅韌，他就越不會因外界的刺激而崩解，這樣的人『自我穩定度』是比較高的。」

我想到雅琪，她自我的外殼兼顧了穩固和柔軟，因此在面對長官刁難、女兒狀況特殊等困境時，仍能穩住下盤，朝「解決問題」的目標前進。

此外，她又有足夠的自我靈活度，能敏銳的感知他人的情緒，並及時調整自我狀態。比如說，面對不公不義時，不會妥協或討好；面對需要幫助的人時，又會盡己所能的伸出援手並為他們發聲；甚至在演講場合，還會自己製作甜點分享給聽講的每個人。既堅強又柔軟，但在面對孩子時，又抱著彈性的心態，有足夠的力量承接孩子的情緒，並調整為雙方都舒服的狀態！

從書中，你可以看到一位高自我穩定與靈活性的人如何因應困境？如何決策並解決問題？在超出自己可改變的範圍之外時，又能如何轉念看待？

讓你帶走勇氣、療癒、淡然與領悟的好書

一篇篇動人的故事，是雅琪重新咀嚼與詮釋的人生精華。她的真心、愛心與決心，常常撞擊我的內心，令我讚嘆與感動。這本書不管是對哪些人生議題（例如：自我價值、親子教養、融合教育、愛情長跑、廚藝增進等）有興趣的讀者（包括我在內），都能從本書中找到專屬的觸動與方向。

自序

從來不放棄，成就強大的自己

二十年前的我，是什麼樣子呢？剛進學校教書時，可能是我大剌剌的個性不討主任喜歡，從穿著到處理每件事，每天就是不斷被罵。那兩年又遇上求好心切的校長，我們常為了準備海報比賽或評鑑，做到深夜才回家。這樣的忙碌從來就得不到鼓勵，主任總是看我不順眼，酸言酸語從沒停過。

那陣子我常常加班到晚上十點，回家前先開車去八斗子的忘憂谷上痛哭一場，好好的發洩情緒，也讓自己放空，想一想該怎麼做才會讓對方滿意。

當時我帶一個班，有三十五個孩子，還兼生教組長，一年七種評鑑，一個星期有二十四堂課，沉重的工作壓力壓得我喘不過氣來，常常都三更半夜才回家。但是就連我批改作業的方式，主任都很有意見，要求每一行至少要有一個勾。我真的很生氣，為什麼連這種小事都要找我麻煩？我不能有自己的想法和做法嗎？但是他不放棄，每次抽查就會挑出這部分來糾正我。

為了不讓自己被修理，不給任何人羞辱我的機會，我選擇修正自己，把班級帶得更穩定，把每個份內的評鑑做到最好，在生教組長任內的交通安全評鑑甚至拿到全國金安獎；改作業時檢查得更仔細，每看一個詞就打一個勾；及時處理班上大小事，讓我帶的班沒有霸凌、沒有打架、不被家長申訴。我把所有份內的事情做好，不給任何人機會。

記得我第一次要接高年級導師前，同事質疑我，說我當生教組長這麼兇，又專制獨裁，有辦法帶好高年級嗎？有辦法跟高年級的老師共事嗎？

聽到這段話時很難受，儘管大家都說我當生教組長很適合，只要我站在台前，全校一千多個孩子沒有一個敢動，即便如此盡責，仍被質疑無法帶班。

我並不因此退縮或放棄，而是想盡辦法做到最好。雖然風聲耳語不斷，我還是接了高年級導師，其他班的導師來來去去，只有我一直留在高年級。

當時經濟狀況需要一個月五千元的行政加給，但我不想再做行政，不想每天看主任或校長的臉色，於是硬著頭皮去讀研究所，讓自己靠學歷加薪。

我的個性從來沒辦法讓上司喜歡，好不容易前校長終於了解我的努力，支持我和輔導老師對特殊生做的一切，沒想到前校長才來四年又被調去大學校，我再度面臨困難重重、不管做什麼都得不到認同的狀態。

我不想放棄自己的理念，我沒辦法強迫自己卑躬屈膝、阿諛奉承去迎合任何人，我對不合理的要求和羞辱也絕不屈服。

要讓自己不被羞辱、不被找麻煩，唯一的方法就是做到最好；要讓自己不被質疑、不被看衰，唯一的方法就是讓自己更強大。既然被禁止拋頭露面、出書，我就想盡辦法把書賣好，把文章寫好，讓對方不看見我都難。

我叛逆、反骨、任性、不服輸的個性，這幾年被激發得淋漓盡致。**不斷的面對問題、解決問題，從來不選擇放棄，這才成就強大的自己。**

感謝這一路的所有人，不管給的是養分，還是毒藥，我都收到了，都成為我，沈雅琪的一部分。

目錄

第一部

我是沈雅琪，也是神老師&神媽咪……29

第二部

神媽咪與孩子的對話

第三部

神媽咪與神隊友的相處之道……119

第四部

神老師與學校的孩子……151

別冊 神老師&神媽咪的不藏私家常食譜

第一部

我是沈雅琪，也是神老師&神媽咪

人生總是會面對許多挑戰，
每當多方挫折來襲，如何奮力達到平衡？
堅持自我的過程每每遭受挫折與質疑，
又該如何強大自己的內心？

01 別畏懼行善

大約兩年多前，我在臉書上發現一位單親媽媽生活有困難。她帶著兩個孩子，因為繳不起房租被房東趕出門，申請了中途之家。

看到她分享心情，我實在很不捨，私訊問她需要什麼幫助？她問我有沒有認識搬家公司，她需要把租屋處的東西搬出來。她帶著兩個年幼的孩子沒辦法搬家，很怕遇到搬家流氓，擔心一個人無法處理。

我聯絡了開搬家公司的朋友，請她幫忙聯絡時間，叫了兩輛車，幫忙把這位媽媽家中所有東西安置妥當。我朋友知道是要幫助單親媽媽，還給了低於市價的基本費用，我結清了搬家公司的錢外加一個紅包。

搬完家，那位單親媽媽打電話給我時泣不成聲。我支付的這些費用還足夠讓他們買些需要的東西，好好安頓下來。在走投無路的時候，我這個素未謀面的陌生人，竟然給了她這麼大的幫助。

之後她一樣帶著自閉症的哥哥、年幼的弟弟辛苦生活著，臉書也漸漸很少使用，就這樣我們失去了聯絡。

沒想到兩年後再次聯絡時，我剛好在桃園修車，她竟然到桃園找我。看見他們一家三口，我超開心，給了孩子們小小的紅包，也緊緊的擁抱她。聽說她這兩年努力生活、學習，想辦法讓自己有一技之長，學了芳療，還遞給我一包她自己做的產品，一句一句說感謝我當年伸出援手。

她帶著孩子離開後，我又接到一通電話，是開學時孫子轉進我們學校的阿嬤。當時為了要讓她付房租押金，好好安頓下來，我請輔導老師轉交一萬元給她。半年後她打電話給我，說她到工業區當清潔工，有存了些錢，想在過年前把錢還給我。我告訴阿嬤，那時拿錢幫助她，就沒想過要拿回來，這一萬元讓她留著過年，留著生活。

每每付出的當下，總被笑說傻，錢一定有去無回，況且與人素昧平生，為何要拿錢幫助他們？

雖說救急不救窮，但是這樣窮到谷底的人，每一步都艱辛，有時真的就因為那筆錢，有可能順利過關，也可能萬劫不復。

我深信，有能力時就拉他們一把，有可能讓一個快跌下去的人慢慢脫離困境。當然有時也會看錯人，更遇過貪得無厭的人，但是我從來不會因為這樣對人性失去信心。在不影響家計的情況下，我們可以用多餘的能力去幫助別人，而我從他們後來努力生活的回饋中，得到了好多。

別畏懼行善，**上天安排了困難給每個人，也安排了解決的契機。**我們是這些辛苦家庭的貴人，雖說給了他們幫助，但是要如何過關，還是看他們自己的造化了。

及時行善，及時行樂，我們都期許自己成為最美好的風景。

02 為融合教育鞠躬盡瘁

通常我的演講對象都是學校老師或家長，大都與我年紀相仿，有共同背景和經驗，能有比較多的共鳴。但是有一回，我去師大對著一群只有我一半年紀的大學生演講。活動前的我實在有點擔心，心想我說的話會讓他們感興趣嗎？能感動他們嗎？

想起兩年前有所大專院校找我去兼課，邀請我每週六去對幼保系的學生上兩小時的「融合教育實務」。我很開心，想著如果可以帶著這些即將為人師表的學生去了解特殊生，提早建立特教觀念，以後就能協助特殊生融入班級，那該有多好？這樣一定能有更多的孩子受惠。

但當時即使週末去兼課，也得經過學校的同意。我依照各項要求補上該附的資料，那張簽呈送了三次，還是被打了回票，理由是會影響我本職備課。校方除了不同意之外，還說我這樣會帶壞其他同事，一個好老師就應該在教室待好待滿，不該到大專院校去兼課。

那時我很生氣，到底有誰規定我一定得用週六早上備課？而我最難過的不是失去一個機會，是因為去徵求同意時被批判到一文不值的感受。

我在工作上一向盡心盡力，從不缺交、不延遲任何一項該做的事，也因為太努力、太刺眼，事事得被放大檢視。

「你很紅嘛……」有人這麼說。他們只看到了我的光芒，卻看不到我耗費的心力。

從一件事，可以看清很多事。在一個環境裡，就必須去遵循那個環境的規定或權威。要得到同意才能去做的事，我無法與之抗衡，**既然這條路走不通，那我就轉個彎。要達到目標，不會只有一種方法。**

我不是挨打就會趴下的人，跌倒了會拍拍灰塵，繼續挺著背脊往前走，走得更穩更堅定。

冷靜下來後，我心想，既然不能在一個學校兼課，那可以利用週末到各校去向老師和家長分享啊。這條路走不通，我就走其他的路！

融合教育是很辛苦的一條路，必須大聲疾呼、廣為宣傳，才能讓更多人了解。我誓為融合教育鞠躬盡瘁，死而後已。

第一次要面對大學生演講，凌晨特別早起做了小點心，希望讓這些學生留下深刻的印象，期待他們有一天為人師表，也能夠接納所有不同的孩子。

03 感謝媽媽

在母親節前夕，原本想帶著班上孩子做蛋糕送給媽媽們，但是我的小烤箱一次只能烤十五個檸檬蛋糕，烤完整班的蛋糕得花一整天，最後我們決定由我準備蛋糕，孩子們做康乃馨和卡片。

我花了兩天凌晨烤了一百多顆檸檬蛋糕。而在這過程中，也讓我想起了我的媽媽。

因為媽媽前面生了五個女兒，所以常常得看我阿嬤的臉色，生到第三胎，已經沒有坐月子這件事，都是生完第三天就起來工作。但是媽媽從來不怨嘆，也從不把受的氣出在我們身上。她生下我時，阿嬤要找人來領養我，媽媽斷然拒絕，她說再苦也要把所有孩子留在身邊。

記憶中，我們五姐妹小時候睡在一個小通鋪裡，大姐讀完書回房間，常常沒地方睡覺。孩子很多，媽媽要一邊工作，一邊為錢煩惱，還得準備八個人的三餐，洗衣服，整理家務……媽媽處理這些事就像有十雙手那樣俐落。

我記得媽媽常常為錢奔走。為了養六個孩子，每學期初光是學費就讓她傷透腦筋，但是她從來不會叫我們不要讀書，無論多拮据，她也從來不會少給我們該交的錢，也沒有讓我們餓過肚子。我的老師知道我們家的狀況，要我申請清寒補助，媽媽卻說，還有比我們更需要幫忙的人，我們撐一下就過去了。

最辛苦的時候，我們的便當裡只有一顆荷包蛋，媽媽還要我每天帶一個便當給沒有媽媽的同學。每天有行動不便的阿伯挑著擔子來賣很醜的菜，媽媽不在乎要揀很久，一定向阿伯買很多菜，有時還會整擔買下來，讓阿伯早點回家休息。我想，我今天會這樣在意沒有媽媽的孩子、會照顧特殊的孩子，或許就是受到媽媽從小的身教。

有親戚跟媽媽說：「為什麼要這麼辛苦？反正女兒早晚要嫁人，不用讀這麼多書！」但是媽媽總不斷鼓勵我們：「能讀就要讀。有學歷，將來一定會不一樣。」

媽媽也很好學，小時候沒有環境可以讀書，到了五十幾歲還一邊忙工作，一邊去國中上夜補校，一路讀到空大畢業，那得有多大的毅力才能完成。

就是因為媽媽對我們的教育，即使在經濟狀況不佳的那個年代，我們六個孩子都發憤圖強讀到大學畢業，一個讀完EMBA、一個台大、一個成大、一個當老師。媽媽也給我們很大的空間，不管我們喜歡什麼，她都盡力支持鼓勵我們，所以我有一個知名的賽車手妹妹殺手蘭，還有一個曾經是電競國手、現在成了電競主播的弟弟。

最感謝媽媽的是，她給了我五個手足，讓我的童年到現在擁有好多力量和陪伴。我們手足間的感情很好，只要有人需要幫忙，出錢出力從不計較。

很佩服媽媽面對六個個性強烈的孩子，總是用智慧安然度過我們的青春風暴期，我們也都沒有變壞，在各自的崗位上努力著，沒有任何一個人對媽媽口出惡言過。想想我才生養三個，就常常為了學不會的妹妹、不願意努力讀書的哥哥們傷透腦筋，媽媽到底是用了什麼厲害的方法呢？我到現在還沒參透。

如果我們能有一絲的成就，都要歸功於媽媽那溫柔的堅定，還有她以身作則的良好教育。

想起小時候媽媽總是忙碌的背影，想著我自己初為人母時的雀躍，想到孩子們那稚嫩的童音和動作，總是舔舐著現在被孩子傷透心的傷口。

祝福我的媽媽、我的姐妹，也祝福所有媽媽、即將成為媽媽，或是替代媽媽努力撫養孩子的阿嬤或爸爸們，大家都快樂！

04 最親近的陌生人

有個朋友跟我說，他年邁的爸爸得了阿茲海默症。在忙碌的工作之餘，他每個星期回家陪爸爸吃三次飯。老爸爸不知道要跟他聊些什麼，不斷重複說著的，是自己年幼時躲過戰亂、隻身來台的孤單和奮鬥，對於孩子從小的成長和父子間的事，隻字未提……

朋友回想童年與父親的相處，雖然每天住在一起，竟然也想不起太多片段。沒有共同的記憶，父子之間，像是只剩下血緣和責任。

我們聊起那一輩的父親，總是忙碌著工作、承擔著家計，總是高高在上，孩子總是處在權威和服從之下。父親總是努力賺錢養家，孩子只要認真讀書。父親就像天一樣，說的話不容置疑；孩子因為畏懼父親的權威，看到父親就是躲和閃，除了喊聲爸，其他就不知道該說些什麼。

我想起自己的父親。我們家裡有六個孩子，一輛車子總是載不下全家人，印象中，完全沒有出遊的記憶，只有聽姐姐們說小時候去過一次中正公園，姐姐的紅包放在公廁的窗戶上忘了拿走。姐姐的這件傷心往事被拿出來談了好多次，竟然成了我們家唯一出遊的證據。

家裡六個子女中，我在娘家住最久，到了生下我家弟弟才搬出娘家。可是我和父親之間的記憶，到底剩下些什麼？真的好少好少，我竟想不起，我們曾經有的任何一段對話。

在花蓮讀書那四年，離家好遠，父親有次到花蓮跟朋友聚餐，竟然沒有抽出任何時間陪隻身在外的我吃頓飯，甚至沒有約我見上一面。這樣的遺憾，我倒是記得很清楚。

而現在孩子年幼時，我們都忙於工作，從工作中得到很多成就，但是賣力工作總會感到疲憊，常覺得孩子的每個行為都很煩人，覺得他們成長的問題好多，最好能各忙各的，甚至希望跳過這一段，給自己多一點獨處的空間。

我們雖然要努力工作養家，可是在工作之餘，還是要認真與家人創造一些生活上的記憶。不只是為了孩子，單純是為了自己，我真的不想在老年時，遺失了生命中這一大段歲月。

想想你身邊的孩子。我們口中總不斷說著，所有努力都是為了他，所有青春都為了他而犧牲，但是到了最後，孩子會不會成為我們生命中，最熟悉的那個陌生人？

05 一起成就最美好的風景

三年前，我在烘焙社團裡看到一個妹妹，她頻繁帶著生病的孩子到醫院治療，兩地奔波。為了增加收入，她用麵包機打著麵團，準備考麵包師的證照。麵包機能製作的量很小，看著她辛苦的努力著，實在很捨不得。

雖然未曾謀面，但是我好想幫助她。跟我家工程師（我的先生）說了我的想法，他沒有阻止我，只告訴我：「你想做就去做，不用想太多。」

我是一個想做什麼就會立刻想辦法完成的人。我馬上請日盛機械的詹老闆幫我找適合的攪拌機打算送給她，結果詹老闆替我找了一台二手的小林七公升攪拌機，不僅仔細檢修了機器的狀況，還跟我分攤一半的費用。

我把機器載去給那妹妹時，是我們第一次見面，她開心得用力抱著我，久久捨不得放開。

她用攪拌機不斷練習，也遇到了很棒的烘焙教室幫忙，讓她很快考上了麵包師的丙級證照，開始做麵包販售。她帶孩子去醫院治療時，也會帶很多甜點與人分享，另外同時準備甜點蛋糕的證照考試。一個年紀輕輕的小媽媽，卻有這麼大的毅力，實在讓我佩服。

過一陣子，有位朋友跟我說家裡的小林十二公升攪拌機沒有在用，問我有沒有人需要？我想到了這位為精進自己而不斷努力的妹妹。看她做麵包蛋糕的量都很大，於是詢問她要不要換大一點的攪拌機，並請她幫我把小林七公升攪拌機轉贈給其他需要的朋友。

這三年來，她的孩子病情穩定，療程結束了，兩個孩子都上了幼兒園。我看著她不斷努力練習和上課，不只蛋糕和麵包做得很好，中式餐點也做得超讚的，常常接訂單出貨，和先生兩個人一起努力持家。

每一次我們在臉書上相遇，她總是不斷說著感謝。我告訴她，沒有自己的努力，怎麼會有人願意幫忙？她的辛苦我們都看在眼裡，有這麼多人願意幫助她，就是因為我們都看到她在面對生活困境時總是勇往直前，於是願意與她一起看顧孩子。

每次看到她的貼文，不管我正煩惱著什麼都能突然釋懷。當年面對那樣難關的她都能撐過來，我有什麼熬不過的？

有時候，一個人在谷底，只要我們每個人伸出手給予一點點溫暖和幫助，就能讓他跨過面前過不去的坎，只是輕輕一推，他就能繼續前進。

謝謝日盛機械的詹老闆，謝謝送小林十二公升攪拌機的朋友，謝謝跟著我一起努力行善的每一個你。

06 千萬不要當一個爛好人

有次和一位朋友聊到工作，她突然說：「面對無理上司的無理要求，我好希望自己是沈雅琪！」

其實曾經很長一段時間，不管上司說什麼，我都只能點頭答應。即使不開心，也會想盡辦法去完成；即使不合理，也只能摸摸鼻子努力去做。在同一個工作場合裡，能做的做到死，擺爛的閒到荒，上司還能跟閒人有說有笑，卻用高標準對著埋首苦幹的人指點評分。

我曾遇過一位非常嚴格的教學組長。期末的時候，我依規定交了全班五篇作文，他檢查我交出去的每一篇，哪個孩子漏訂正一個字，哪一篇沒有簽名，哪一篇有個孩子因為生病缺交，他全都寫在單子上要我改善。但是對於完全不交的老師，他卻無法要求。我每次都覺得忿忿不平，為什麼有人可以不交卻不會受懲處，對我這個有交的人卻檢查得這麼嚴格？雖然不滿，但是每到期末要交的時候，我還是摸摸鼻子改完五篇作文交出去，沒辦法學著擺爛。

直到我看見讀體育班的兒子會考的作文交了白卷，看到曾經是體保生的代課老師錯字連篇，我開始思考，教育真的是良心事業，因為自己的怠惰或喜好讓孩子沒學到該有的能力，我對得起自己嗎？

所以從幾年前開始，我幾乎一個禮拜就讓孩子寫一篇作文。長期累積下來，每個孩子畢業時，五百字作文都能在兩堂課內完成。培養孩子閱讀的習慣、教作文、改作文，不再是一件被逼著做或讓我不甘願做的事，而是我想做的事。

我學著只看自己該做想做的事，而且要做就做到最好！只看孩子們的需要，而不是去比較誰做得比較多。別人做不做不關我的事，做所有的事更不是為了被看見，是為了孩子、為了自己而做。

慢慢的，我知道自己是為什麼而努力。因為我沒有多餘的時間，那些為人抬轎、為人加分的事情就會直接拒絕；對於別人因不懂而生的批判，我學著反擊。讓別人知道我的原則後，那些硬拗強加的工作、不合理的對待，就不會落到我身上。

我知道很多人說我很難相處、很難搞、對上司態度很差，但是我不擺爛，也沒有人可以任意對待我。任何一個大家私底下怒罵批評的人，我不會因為他在哪個位置就假裝尊重。

千萬別做一個鄉愿且沒有聲音的人，千萬不要當一個爛好人。

07 今天的剛毅，來自一路上經歷的磨鍊

小時候，我曾到冷凍廠去剝蝦子，帶塑膠花回家做手工，到玩具工廠去包裝……這些小零工如果不算進來，我大概是從高中開始打工的。

高中時，我在學校當工讀生，被分配到總務處幫忙打公文。當時我根本不會打字，只好趕緊找讀台北商專的姐姐，請她教我打字。剛開始很痛苦，動作很慢，但是慢慢上手後，連注音輸入法我都可以打得飛快。現在我打一篇文章不用幾分鐘，就是那時候訓練出來的功力。

我還曾經到牛排館端盤子。店裡生意太好，才一個禮拜，我雙手的手腕就肌腱發炎，連抬都抬不起來，只好放棄這個打工機會。我因此了解服務生的辛苦，也知道不能當奧客，不然有可能會吃到口水牛排。

到服飾店賣衣服時，我得面對陌生人介紹衣服，要觀察客人的喜好，要打量客人的大概尺寸，還要學會抵抗殺價，常常要看人臉色。客人總覺得花錢的是老爺，我常一不小心就遭人白眼。這個工作讓我學到很多應對進退的眉角。

我還到禮品公司打工，趁著中秋節的檔期，我賣的是南北貨禮盒，像鮑魚、魚翅、花菇……因為禮盒單價高，動輒五千元以上，我遇過很多政壇名人來買。當時我發現越大咖的往往越客氣、越沒有架子；越小咖的那股跩樣、頤指氣使的嘴臉，真是讓人無言。那一年我還遇到無良老闆，花菇和魚翅放到長蟲沒賣掉，他就把沒有蟲的重新包裝後再賣，有蟲的或過期的就在年底尾牙煮給員工吃……

大學落榜那年，我到體育用品店打工，要兼賣門口的檳榔。我被司機大哥調戲，趁機摸手；讓客人試穿鞋子時，常遇到滿口髒話的大學生。每個月底，老闆娘總會把所有被偷的東西算在我的帳上，扣掉賠的錢，一個月只領到六千元。那段兩個多月的工作，讓我下定決心要重考大學。

大學報到時剛好是中秋節檔期，那年暑假我去百貨公司賣月餅，賣到錯過大學開學。開學後一個禮拜我才去學校上課，一進到教室，同學還以為我是老師，哈！那時我工作一個中秋檔期的薪水，足夠支付一整學期的學費。

大學時開始家教，每個禮拜上四天，總是上完課就趕著去家教，回到家都晚上九點半，犧牲了所有和同學去玩樂、玩社團的時間，但是賺的錢就足夠我應付生活費、房租以及到台南去探視工程師（當時是男友）的車資。

自己年輕時受過這麼多社會大學的訓練，除課業外，得在玩樂和工作中取捨，在眼淚和汗水中周旋。那時總努力學習如何與各式各樣的人相處，如何解決問題，工作中沒有人幫忙就自己想辦法克服，遇到爛同事、爛上司只能抹掉眼淚面對，很多能力也就這樣一點一滴建立了起來。

但是當了媽媽以後，很擔心孩子受苦，捨不得他們受到不平等待遇，擔心他們遇到爛老師、爛同學……這樣是不是讓孩子少了成長的機會呢？

我的兩個兒子都上了高中，早上五點半看著他們一起出門，回來後聽聽他們聊聊同學和老師的事，我得開始學習放手和忍耐，讓孩子在錯誤和挫折中成長，從實際經驗中學到方法。

我們沒辦法幫孩子搬開面前所有的石頭，就該讓孩子去嘗試、去學習解決問題，別到老了才抱怨啃老的孩子不懂事，抱怨草莓的孩子沒辦法接受壓力。

或許我今天的剛毅，要謝謝這一路上經歷的磨鍊。

08 愛心早療車

兩年前，花蓮早療中心主任跟我聯絡，說他們在台東山區奔波替偏遠地區做早療服務的早療車已不敷使用。我自己捐了錢以後，在粉絲團貼文邀請大家一起捐款給花蓮早療中心，希望他們能順利購買早療巡迴車。網友們熱烈響應，短短一天，我們就為花蓮早療中心募到一輛早療巡迴車。

那時我們家妹妹九歲，我帶她在外面吃飯，妹妹說要喝飲料，我告訴她，要喝就要自己試著去買。她生平第一次自己踏出店外，往前走了十間店買了一杯檸檬多多回來。自己獨力完成這件事，她開心極了！

吃完麵後，我請她拿錢去結帳，看著她不斷的跟店員道謝，看著看著，我的眼眶就紅了。

生活上的每個小細節，我都不斷的讓她練習再練習，就連付錢、買東西這樣的小事，一般孩子很小就學會的能力，我都得帶著她一直教一直教，看著她嘗試、失敗、再嘗試、再失敗，等到某一天累積了足夠的經驗值，才能夠自己獨力完成。

想起她小時候全身肌肉張力不足、爬不動、站不穩、重度遠視看不清楚、中耳積水影響聽力、說話沒人聽得懂……我一度以為她長不大，我們是經過九年不間斷的復健和陪伴，她才能有現在活動自如、很多事情能夠自理的狀態。

她的每一小步、每一個動作、每一次進步，都得來不易。

為什麼妹妹會領到腦性麻痺的重大傷病卡，其實我不清楚。直到妹妹兩歲領第一張身心障礙手冊時，報告中寫著符合申請重大傷病卡，我才在報告上看到腦性麻痺這個名詞。那時我以為是因為她的肌肉無力，所以醫生用腦性麻痺這個類別讓她方便就醫。我以為申請了重大傷病卡，復健會比較好排，結果並沒有。基隆的一間大醫院說要排二十個人以後，另一間說要排半年以後，沒有任何一個孩子可以等這麼久，我們只好跑到台北去復健。那陣子到處帶她去看醫生、復健，因為她不是腦性麻痺，看的不是相關診科，所以重大傷病卡都用不上。

我們在孩子出生時，都會替他們保最基本的保險，在她三歲時，我們才發現重大傷病卡的影響。她第一次做中耳通氣管置放手術，申請保險理賠時，保險公司質疑我們隱匿她是腦性麻痺的資訊，說我們違反誠信原則拒絕理賠。我們請保險公司去查三年內的醫療紀錄，沒有任何一次是跟腦性麻痺有關，調查了好幾個月，才順利拿到開刀的保險理賠。

有了這張重大傷病卡，直到現在，都沒辦法投保任何保險，它對身心障礙的孩子立意良善，可是能給的幫助真的很少。

基隆不算偏鄉，要帶孩子去復健都困難重重，更何況是花東、偏遠山區？復健應該是醫院最燒錢的一科，治療師得一對一替孩子做復健，人力嚴重不足，父母還得放下工作帶孩子去復健，有多少孩子因為這樣失去了早療的機會？錯過早療，很多能力得花上加倍的時間和力氣才能習得，或者，一輩子都學不會。

孩子學不會的擔憂，孩子需要亦步亦趨的照顧，這些辛苦我都懂。一接到早療中心主任的訊息，我腦中浮現那幾年帶著妹妹跑遍基隆與台北看醫生、每天排滿課程做復健的情景。

她是真的很幸運才生在我們家，我們有這樣的能力可以照顧她、幫助她，我們有耐心可以這樣陪伴她、等待她，我們可以盡全力替她找尋各項資源。可是有很多孩子沒這麼幸運，尤其是在台東、花蓮那樣偏遠的山區，很多遲緩或特殊的孩子沒人能幫忙，只能在家裡自己長大，錯過了黃金早療期，孩子的能力就再也沒辦法建立了。

為了讓所有的孩子都能得到最好的照顧，讓後山的孩子也能自己站起來，那是一次讓我非常震撼的募款。短短幾個小時，好多人一起伸出援手，讓花東的山上多了一輛愛心的早療巡迴車。

其實貼出自己捐款的收據，讓我忐忑不安。有人提醒我要為善不欲人知，做人要低調。我不是不了解這個道理，貼出自己的捐款，不是要誇耀自己的善意，沒有要讓自己得到美名。我沒有強大的財力，能夠拿出來的錢真的很有限，只是希望能拋磚引玉請大家一起出錢出力，但是如果今天我自己都沒捐款，這樣是不是依舊有說服力呢？

如果只用我的錢來幫助早療中心，要等到什麼時候才能成功購車呢？在這六十幾萬的善款中，只有極少數的金額是我匯的。我從來不覺得能夠募得這麼多錢是我的功勞，沒有大家的協助，這件事絕對不可能完成，所以那天看到才短短幾小時就募足了款項，我感動得掉了眼淚，真心感謝這麼多人一起幫忙。

我真的相信愛有擴散和感染的力量。這世代不缺為善不欲人知的善人，不缺只會批評謾罵的鍵盤手，而是需要大家真心付出的勇氣。

挺過了很多批評和攻擊，那些謾罵和批判我概括承受，但是我也真的了解到，很多人闖進我的生活批判我的努力，用個人的角度試圖讓我上一課，然後就轉身離去，從此不在我的生命裡，不用負責我的情緒和生活。**對我而言，那些無法體會我立場的人說的話，那些不用為我負責的人所打的字，真的，一點也不重要。**

09 總有值得留下來的原因

很久以前，我曾經有幾個知心好友，但是自從我家妹妹入學後，傷心時，我不知道要找誰。

妹妹一年級那年的十二月，我和妹妹閒聊間發現她被禁止上體育課三個月。強烈的憤怒、沒有及時發現的愧疚和長期的努力落空，完全擊潰我努力撐著的意志，讓我得了嚴重的憂鬱症，當時只要學生去上科任課，教室沒有人，我就會喘不過氣，有時嚎啕大哭，有時默默流淚。

終於等到召開教評會，教評會上我播放著妹妹上體操課、參加體操比賽的影片，要證明她活動自如，甚至有委員說：「這孩子在影片中的動作，說不定那老師都做不出來！」結果雖然通過懲處，卻還是有委員投了反對票。

這麼嚴重的疏失，竟然還有人投反對票！這件事讓我對已經待了十七年的工作環境、這個我視為第二個家的地方失去信任。我沒辦法跟同事對話，不想聽到任何人的想法。最記得的是在期末考時，我到四樓監考，發下考卷後就在走廊踱步，來回走著，一邊流眼淚，一邊看著樓下，真的好想往下跳。但是，望著我家妹妹的教室，我心想：「妹妹如果看到我掉下去的樣子怎麼辦？」「沒有人載她回家，她怎麼回去？」「她今天晚上的功課沒有人幫忙，怎麼寫？」「哥哥們回家沒有晚餐可以吃哪！」還好打了下課鐘，我趕緊擦乾眼淚收考卷。

長達一整個月，我每天下班就去外木山，讓妹妹在後座睡覺，我吹著海風，看著浪花拍打石頭，看著潮起潮落，盡情的哭，聽著悲傷的音樂一直哭。時間一到，我擦乾眼淚去接弟弟，然後回家煮飯。慢慢的，我發現自己聽的歌變得越來越輕快，有時看著海，眼淚不流了，紅著眼眶、吸吸鼻子就好。

有一次看到妹妹用我的手機，一個注音、一個注音問我，然後發了訊息給阿嬤說：「我最喜歡阿嬤了！」還加了兩顆愛心。我突然好慶幸自己當時沒有跳下去，才能看到這個小孩慢慢用自己的方式努力著。我以為不認得字的她永遠沒辦法寫字，沒想到她學會在手機上選字了。

有人說我身邊還有工程師陪伴，但有時女人的淚水，男人永遠不會懂。如果連枕邊人都無法懂，我又何必去奢求任何人懂？我的媽媽、姐妹和弟弟都很支持我，但是我不想讓他們擔心，所以當時也很少提到自己的狀況，只能用自己的方法慢慢修復。

難過的時候，不要只低頭看著想跳下去的位置。離開讓人傷透心、讓人連氣都喘不過來的地方，抬頭看看雲、看看樹、看看家裡可愛善良的孩子。可以到海邊吹吹風，找個能盡情哭一場的地方釋放自己的情緒。

如果當年跳下去，現在的美好，我們都看不見。

當然有過不去的時候，但是總有方法活下來，有值得我們留下來的原因。

10 自以為的幽默

我家妹妹出生後的三年內，我堅信黃金早療期不容錯過，於是把所有能排的復健全部排滿，白天在大醫院復健，晚上到復健診所。大醫院裡的復健都只能排在週間早上，我必須請假帶她去，我把這件事當作最重要的工作努力著。

那年遇到了一位老校長，每次在電梯遇到我，他就會問我：「為什麼孩子要去復健？是因為沒有產檢，還是有什麼疾病？」他大概是記性不太好，總是忘記自己已經問過千百次，最後的結論都是用戲謔的口氣說著：「啊！一定是你做人不認真，才會生下這樣的小孩啦！」

第一次聽的時候覺得他好幽默，怎麼可以幽默成這樣，但是，當妹妹評估又沒過、耳朵聽不見要開刀、聽到醫生宣判她一輩子學習障礙、帶著她去復健疲於奔命時，我遠遠看到這個校長就開始焦慮，心想：「天呀！這個人又要來告訴我，是因為我做人不認真才生下這樣的小孩，讓她受苦，也讓我頻繁請假。」

和同事聊天時，我說不想帶孩子去做復健，覺得好累，工作加上復健和家事，我快喘不過氣了，結果同事激動的說：「小孩是你生的，你把她生成這樣當然要負完全的責任。如果我是你，我就辭掉工作專心帶孩子去復健！」

但事實上，沒有人可以是我。這句話其實很傷人，似乎是我做得不夠多，還應該做得更多更好一點。每個人都說自己很有同理心，卻沒有人能真正了解我承受的壓力和工作的繁重。尤其是那些養育著優秀孩子的朋友來告訴我應該尊重孩子的選擇，還有教學經驗豐富的同事用他們的角度來告訴我應該要做些什麼，我都覺得他們說的是天方夜譚。

「為什麼你的小孩不去讀特教班？」

「為什麼她到現在還不會算三加五？你沒有用積木教嗎？」

「她為什麼會這樣？她以後能做什麼？」

「你們該怎麼辦？以後她怎麼養活自己？」

「她連ＡＢＣ都不認得，為什麼要浪費錢去補英語？」

聽到這些話，有時候真的很想回一句：「干你屁事！醫生和老師都沒說她要去特教班，你一個陌生人來給什麼建議？花錢讓她去聽英文，我高興！」

那幾年帶著妹妹去看醫生、做檢查、看報告、做評估、復健、開刀……我的情緒常滿到極點，有時別人的一句玩笑話都能讓我傷心很久。每個人都可以站在自己的角度來看我的努力，然後隨意給些笑話和建議之後轉身就走，留我自己去舔舐傷口，並承受著妹妹不論怎麼努力就是學不會的事實。

我不想去滿足別人的好奇，不想看到戲謔的表情，不想承受別人的同情，不想看到別的孩子對待妹妹的態度……慢慢的，我不再跟別人討論，不再踏出教室的門，不再跟家人以外的人聚餐，不再參加學校的任何非官方活動，對於荒謬無知的上司不再客氣。難過的時候，沒有人可以訴苦，我就到海邊哭一哭，大吼幾聲，然後擦乾眼淚回家。

工程師看著我從一個三八、愛笑又容易信任別人的少女，變成自閉、內斂、孤僻的歐巴桑，我想他的感觸最深。或許也是因為這樣，工程師三不五時就帶我出門看風景、吃美食、買好車給我、放任我買鞋子和衣服、任由我排滿演講行程……他幾乎完全包容我的一切，常常練瘋話逗我笑，每天早上不管幾點被我吵起來，一定給我一個大大的擁抱。

有時想想，**只活在自己的世界其實沒什麼不好，至少能好好活著。**

11 放下不對的人

聽完我的演講後，勾起了她讀書時被同學霸凌的往事。

當時無法反擊的她，只能不斷傷害自己，幾乎活不下去，到現在還是無法原諒霸凌她的對象，偶爾得知對方的消息，還是激動得無法入眠。這麼多年來，她一直責怪自己，為什麼心胸不能寬大些，為什麼不能原諒對方？

我想，這跟大不大度一點關係也沒有，有些人就是不值得被原諒。

我告訴她：「我從來不勉強自己去原諒傷害我和孩子的人，也不會否定自己的情緒和感受，我一直不覺得應該原諒那些惡意傷害我的人！但是我也不想因為對方的錯來傷害自己，所以選擇在生命中把這些人丟棄！」

惡行一定會有報應，只是我不一定能親眼看見。

如果在心裡決定了這輩子絕不原諒對方，總是悲傷、難過、低潮、放棄，甚至傷害自己，這樣不就稱了對方想要傷害我們的意！

我選擇的方式是讓自己更強大，把專注力放在成就自己，讓自己過得更好、更開心！好好生活，好好工作，認真經營自己的家庭，絕對不虧待自己。

以前被傷害時，我只會埋在棉被裡暗夜哭泣，但是從幾次的事件中，我學會的是：**我不堅強，沒有人會為我勇敢**。

很多人即使位高權重，腦袋卻自私的只想著自己的地位和利益，為了打壓別人用盡各種手段，這種人不值得尊敬。除了無視，在他惡意對待時，我也會重重反擊回去。人不犯我，我不犯人；人若犯我，我必加上三分回敬。

但這樣到底值不值得？為了這個生活中的過客，折磨自己這麼長的時間，究竟還要讓這個心裡的爛人、早就從生活中消失的nobody折磨自己多久呢？

我不是要原諒曾經重重傷害我的人，而是放過我自己，因為我值得更好的生活。每個人都要好好珍惜自己。人生苦短，生命無常，要朝著自己的夢想努力，享受陽光灑下來的光亮，別為了一些垃圾糾結人生。

12 別人的眼光，干我屁事！

昨天有媽媽問我：「該如何走出憂鬱症？該如何面對別人的眼光？」

自從那年踏進教評會申訴妹妹被剝奪受教權的事，幾乎每年同時，我的憂鬱症都會復發。

情緒莫名低落，做任何事都提不起勁，選擇聽很悲傷的歌，動不動就哭不停，胸口悶著快要喘不過氣，有時還會有輕生的念頭。我難過的時候，白天正常上班，下班後等弟弟放學的時間就去海邊，看著浪起浪落，有時默默掉眼淚，有時放聲大哭。我接受自己的情緒，留一段時間給自己發洩。我允許自己傷心，但是要求自己把該做的事情做完，不要把情緒帶到工作中或帶回家庭。

大海就是我最好的朋友！

我把時間排得很滿，除了工作之外，我帶妹妹去上課、演講、烘焙、寫文章，做很多事讓自己忙到沒時間胡思亂想或鑽牛角尖。

我沒有朋友，也不跟同事聊天，不花時間去訴苦和抱怨，也不聽別人的傳言和批判。跟任何人訴苦都沒有意義，沒有人能理解和幫忙，我快要承受不了的苦，只會淪為大家閒話家常的笑柄。

在學校除了上廁所以外，其他時間都待在教室盯著孩子們的一言一行。批改作業、上課、整理二手衣物、收包裹、寄包裹……問我介不介意別人的眼光？我其實不知道別人在討論什麼。

有一次三立新聞的記者來訪，我聽到有人在走廊上怒罵：「在教室裡當王了嗎？」我聽了一笑置之。我在教室裡不只當王，還當聖誕老公公，當拿著魔法棒的仙女。我每個禮拜整理衣物自費寄出十幾個包裹，送出鞋子、襪子、文具等物資，也幫忙賣好多東西，賣過米、鳳梨、肉粽……我們還揪團一起幫早療買車、幫孤兒院做鐵窗！

哈哈！我好忙，完全沒時間理會那些無知的言論。有些人的眼裡只看到權力和地位，只擔心光芒都在我身上，但是我的眼裡只有孩子。

任何人對我的看法和批判，只反映出他們自己的修為和眼界。

至於面對妹妹的障礙和成績，我會不會難過？

妹妹放學後常這樣跟我說：「媽咪我考很低分耶，只考三十九分，怎麼辦？」我會拿一把零錢給她，要她數三十九個，問她這樣有沒有很多。我帶著她拿這三十九元買冰棒慶祝。不要覺得我是自欺欺人，她一個字也不認得，整張考卷對她來說像是天書，如果沒有助理員或老師幫忙，她寫不出一個字，答不出任何問題，她的每張考卷應該都是零分，那三十九分是賺到的，當然值得慶祝！

她的障礙是因為腦部灰質過少，不是不認真。既然花再多時間都沒辦法改變腦部結構，於是我選擇順其自然，她能學多少是多少，剩下的時間，我讓她做開心、喜歡的事，說不定可以讓她找到專長。這孩子這輩子不會用寫字來養活自己，如果能有樂觀學習的態度，有一技之長，比起認字寫字更加重要。她沒有大家在意的競爭力，我只希望她樂於學習，一輩子都這麼善良又單純。

我凌晨四點半就出門去外木山看海，六點回到家，她立刻衝出門來迎接我。我煮稀飯、寫文章，她在旁邊不斷的捏著黏土，把一個一個她喜歡的寶可夢做出來。雖然做得不像樣，但是我告訴她，只要是你做的，媽咪都覺得好棒、好喜歡！

對我來說，這孩子最重要。別人的眼光，干我屁事！

13 接受自己的不完美

其實我對自己的聲音原本沒什麼感覺，可是從小常常被男同學嘲笑，他們會故意壓低聲音做出沙啞效果來學我說話。那難聽的聲音、誇張的表情都讓我無地自容，我覺得這些男生很討厭，卻無力制止他們的頑皮。

國小時看到同學都去報名合唱團，我也很希望上台穿著嶄新的合唱團隊服去比賽，跟著大家一起去參加甄選。剛開始有報名的都一起訓練，老師教了幾次用肚子唱歌後，要大家跟著唱。唱到一半，老師突然走下台，巡著巡著站在我面前，「啪」的一巴掌打過來。「叫你用肚子唱，你是聽不懂嗎？聲音這麼原始，是怎麼唱歌？你不要參加了，你回去！」

所有同學看著我臉上帶著巴掌印哭著離開，那是第一次，我發現自己的聲音原來這麼難聽。從那時候開始，很喜歡唱歌的我不敢唱了。

當了老師以後，第一個職務就是生教組兼導師，不管在教室或是全校集會都得大聲說話。透過廣播，我的聲音似乎更低沉、沙啞，所以我很不喜歡用麥克風，聽到自己的聲音覺得很不好意思。還有一年級的孩子對著我直接說：「老師，你的聲音好像妖怪……」哈哈哈！

幾年前，有一陣子聲音幾乎發不出來，每天早上喉嚨像火燒一樣難受，去看醫生才知道是喉嚨長繭，開刀後得休息十天，雖然喉嚨不痛了，但是一天至少四到五堂課，加上兩年一百多場的演講，我的聲音更加低沉沙啞了。

這種破鑼嗓要怎麼去演講呢？剛開始很擔心老師們會因為我聲音難聽就離席不想聽，但是為了宣傳融合教育的重要，我還是勇敢上台。

講了幾場後發現，可能剛開口時大家不習慣，但是專注聽演講的內容後，漸漸就會習慣我的聲音，大家不會因為我的聲音難聽而少一些感動。

那天在我妹妹殺手蘭的影片底下，有人留言說我的聲音很像法拉利姐，妹妹很擔心我會受傷。其實我沒有，經歷了大大小小的事，我的自信滿到不在乎聲音難聽的事實，也不會在乎任何人身攻擊。就像上次上司當面罵我：「特教演講沒有用，沒有人應該認同你，你是自我感覺良好！」

對！我覺得我超棒的，全身上下都好棒！

以前被批評、攻擊、找麻煩時只能掉眼淚，後來發現眼淚完全沒用，沒有人會同情，**只有讓自己變強大，對攻擊適時反擊，那些欺善怕惡、仗勢凌人的人才不會越來越囂張，才會了解應該給人基本的尊重。**

接受自己的不完美，不論是很胖、漸漸變老、聲音難聽、脾氣很壞、任性反骨、對人不看階級地位白目到了極點……**這就是我，就是這些特質組合起來的我，超讚的！**

臉皮厚一點、耳朵重一點、人孤僻一點、神經粗一點，**把玻璃心換成不鏽鋼，沒有什麼過不去的！**

14 感謝與我一同努力的你

每次要去南部演講，都得五點半就出門。有一次從攝氏十三度的基隆出發到二十五度的屏東演講，還好前一天我有看氣象報告，沒有穿大衣下去。

我之前曾經在學期間接過國高中的演講，報名了一百位，我喜孜孜的帶著一百人份的點心到現場，出席的竟然只有三十幾位，讓我很難過。後來發現是因為平時國高中老師沒有共同的研習時間，主辦單位往往是先排定了演講後，才讓有空堂的老師出席參加。那時剛開始去國高中演講，心裡很忐忑，又遇上出席率超低，一度想要拒絕所有國高中的演講邀約。

但有次我出席一場活動，看到一個國中二年級腦性麻痺的女孩坐在輪椅上，請爸爸帶她去上廁所。那位六十幾歲、頭髮花白的老爸爸將女孩從輪椅上一把抱起，帶她去上廁所後，再把她放回輪椅，擦擦臉上的口水，一口一口餵她吃飯。看到那一幕，我淚流滿面，心裡想著，這個老爸爸能再抱多久呢？

這些孩子和父母都好辛苦。如果有更多老師、更多家長能有同理心，一起協助照顧這些孩子，不要只是看到他們的障礙就心生排斥，那該有多好。

要在不同領域或學經歷都比我豐富的上百位國高中老師面前演講，是件不容易的事，但只要有心，沒有什麼辦不到的。因為在那講台上，我是為孩子奮戰的母親，厚著臉皮也要把自己的經歷告訴他們，為了推廣融合教育。

有一位高中老師聽完演講後告訴我，這是她聽過最令她感動的一場演講，她說我分享的不是特殊孩子的類別和教學，而是用生命感動人的故事。

還有一位老師告訴我：「老師，我有好好反省。我要告訴你，教書二十七年，我沒有愧對任何一個孩子。」

沒有鼓勵和回饋的工作無法持續，儘管站了一個早上，即使凌晨五點半就出門，我還是堅定的站在台上分享。謝謝他們在這麼冷的天氣還願意來聽我演講，真心感謝每一位願意與我共同努力的大家。

15 沒有人天生勇敢

在妹妹兩歲的時候，我領到人生第一張身心障礙手冊。跟很多人問我的問題一樣，我也常常問自己：「為什麼？」

因為她的狀況不是永久的，我每年都要帶著她去做評估。第一次拿到語言障礙中度，我整整哭了三天。擦乾眼淚後想，我有一年的時間可以讓她不用拿手冊。那一年，我排滿了各項治療，上班時請假，下班後繼續跑復健，一個禮拜要跑四到五堂復健課，很累。我的假卡幾乎填滿，每次遇到校長都要被問一次：「小孩到底怎麼了？為什麼要一直請假？」他永遠不懂為什麼我會把孩子生成這樣。我不管他的想法，有課可以上，我心存感激。

努力了一整年，上到語言治療師一直趕，說我們占用資源太久。加上她中耳積水開了刀，放了中耳通氣管後，說話漸漸清楚了。我心裡想著，三歲時去評估，一定會通過，我就能從她的手冊畢業了。沒想到，三歲評估時，因為沒辦法上下樓梯、走幾步路就跌倒等等狀態，我換了一張中度的肢體障礙手冊。

那是一種絕望。

一整年陪伴我的是身體的疲累、精神的壓力、工作的繁忙、考績的威脅、上司的不諒解……我這麼努力，換來的竟然是另一個打擊。

又哭了三天，重新調整復健課程，加強肢體動作的復健，再跑了整整一年，然後，我們又領到了另一張手冊。到現在，各類別的手冊，我已經領了第五張，因為讀寫障礙，我們領了中度智能不足。工程師問我，這要上什麼課來幫助她呢？

那幾年的復健，不管雨多大、太陽多毒辣，總是推著她的推車，手上肩上提著她的物品。雖然有身心障礙的停車證，可是常找不到車位，停得老遠，下雨天更淋得全身溼透，在復健教室外等候她上課也就乾了。推她回車上時，分不清是雨還是淚，讓我的全身又溼了一遍。

沒有任何人想帶孩子去復健，如果我可以選擇，我想帶她去才藝班，學鋼琴、學跳舞、學畫畫和黏土，而不是語言、職能和物理治療……

這些年的疲累和辛苦，只有我自己能夠深刻體會，但是她可以從全身肌肉張力不足、生長遲緩、發展遲緩、語意不清、生長曲線負三%，到現在這樣可以和一般孩子一樣蹦跳，比大多數孩子還高大，生活自理能力良好，這些都是早療和長期復健的成果，都是我努力的成就。

很多人問我怎麼能這樣坦然面對她的障礙和手冊？怎麼不會覺得自己的孩子拿了中度手冊是種羞恥？為何可以這樣大剌剌的說出來？

因為，我從來不覺得是羞恥。那一張張的手冊，在每個階段都不斷提醒我該注意她的發展，該協助她去克服困難。她的進步讓人驚豔，她的努力讓人心疼，對我而言，只有她最重要，其他的標籤、歧視、耳語，甚至我的考績，都不重要。

這麼多年，我學習眼裡只有孩子，其他的不聽、不看、不在意，才能堅強的活下來。

如果你正在面臨這個階段，一定要痛哭一場，然後擦乾眼淚繼續為孩子奮戰。我們不堅強，沒有人能為孩子努力。

如果你和我一樣已經度過最困難的時期，那一幕幕一定盤旋在你的腦中揮之不去。跟我擁抱一下，我們都清楚，真的盡力了。

如果你很幸運，不需要和我一樣辛苦，孩子的所有能力都與生俱來，也請教育你的孩子，幫忙照顧這些辛苦的孩子，他們學得很慢很慢，但是，每一個動作和能力，都是費盡心力才學會的。多給他們一點鼓勵和耐心，透過大家的協助，總有一天，孩子們可以跟上的。

沒有人天生勇敢。生了孩子以後，再強大的攻擊、再惡意的傷害、再難聽的耳語和批判，甚至是失職剝奪孩子受教權的老師、說我的孩子是下愚的無知人類，我全都遇過。也因為如此，我才發現自己的勇氣和毅力，無法度量。

第二部

神媽咪與孩子的對話

三個孩子，三個樣子。
面對個性不同的孩子，
神媽咪如何給予尊重及適性引導？
如何與孩子開啟對話？

01 十分鐘的完美距離

暑假時，因為生活空間需要，我們很快就決定要搬家，並且需要在短時間內完成，以免影響開學後的生活。我家兩個兒子正值青春期，個性差很多。一個在還沒開始搬家前，就主動收拾東西，到新家擦拭櫃子，慢慢把東西移過去，所有東西排得整整齊齊，房間打掃得一塵不染。請搬家公司來搬走多餘的櫃子，他寧可自己把櫃子推到門口，也不願意讓任何人進他的房間。

但另一個總是要三催四請，才願意收東西。在舊家，我已經禁止自己進他的房間很久了，深怕自己踏進去會中風。想著他現在的房間比以前大很多，應該可以好好把自己的房間布置好。結果，並沒有！

他最先搬的是動漫模型和漫畫，帶了棉被和枕頭，布置出能睡能住的狀態，他就覺得搬好了。他只是把模型全排入櫃子裡，衣服和襪子到處塞、到處丟，連冬天的衣服都還放在舊家……

這兩個孩子一個有潔癖，一個什麼都不在乎；一個急驚風，一個慢郎中，都讓人很受不了。這也是為什麼他們沒辦法在同一個房間，常常會起衝突的原因，過與不及，都出自同一個工廠。

工程師念了他幾次，前幾天終於看不下去了。我很擔心工程師會發火，把耳朵貼在門上聽，沒想到聽到的是談笑聲：「嘿！兄弟呀！這個應該要收進衣櫥吧！」「這些用不到可以丟了吧……」「哇！你的書櫃只擺女朋友，沒有書可以嗎？」

工程師和他在談笑聲中一起整理了一個小時，盯著他把所有東西就定位，帶著他把房間整理好，還跟他約定一個禮拜後再來看房間變什麼樣。

我實在很佩服工程師，那樣的房間，我一踏進去大概就爆炸了，他卻可以耐住性子陪高中生收一個小時。

帶高中生大概是父母養育孩子最難的一段時間，總猜不透他們心裡想什麼；說不動，講不聽，一回家就關進房間。我現在也不強求，有時候講不聽，就當作他們兩個在住校，看不到也不用念，多幾分鐘相見，就算賺到。

我們只能選擇能做的來做。

我早上五點起床準備熱騰騰的早餐，五點半到弟弟房門外確認他有起床，簽聯絡簿，提醒他們加衣服、帶雨傘，早上五點四十分送他們上學。到了晚上陪弟弟吃飯，跟他聊兩句學校的事。哥哥要到晚上九點半晚自習後才回家，工程師一定會坐在客廳等他，陪他吃點東西，說幾句話。

一整天下來，常常只看到孩子們這幾分鐘。我們努力做著這些看似可以省略的小事，刪去他們不想聽的細念，在忙碌的生活中找到一點縫隙，找到最適合的相處模式。如果一天只剩下十分鐘可以跟孩子相處，我們會選擇碎念怒罵，還是關心寒暄？

我一樣深愛著叛逆的高中生，但是維持著一天十分鐘的相處，大概是更年期與青春期最完美的距離。

02 我們都要為孩子勇敢

我家兩個兒子從小都讀體育班。國小時，他們的導師和教練管理嚴格，並沒有被霸凌的狀況發生。但是到了國中，外聘教練非常重視成績，針對成績不夠出色的孩子總是辱罵和嚴厲處罰。教練這樣的態度讓孩子們都有樣學樣，他們對於比賽成績不佳或是表現不好的孩子極盡懲罰之能事，因此當時受傷不能練球的弟弟被霸凌得很慘。

弟弟被教練辱罵、被同學言語霸凌時，我們一直不敢幫他轉學。我們想說他球打得不錯，或許可以靠體育成績升上高中、大學，另一方面，我們也害怕他轉學後無法適應一般國二生每天考試的升學壓力。當時面對他回家後不穩定的情緒，我們都以為那只是青春期的叛逆，只能不斷的勸他，卻往往講一句話就讓他整個大爆炸，還把自己的雙手摳到體無完膚。

他的情緒如此不穩定，當然讀不下書。他的導師常常傳訊息，跟我說他功課沒交被記過，還說訓話時也要求他蹲在地上聽，卻從來沒提過他在學校遭遇的霸凌和不良情緒。

直到有一天，他上英文課時被老師點名回答問題，卻被同學嗆到流淚。他忍不住這些羞辱，衝出教室，衝到廁所踹門和牆壁。回到家以後，他跟我說，本來是要從三樓跳下去的……

有很多人會覺得現在的孩子抗壓性很差，但是現在的孩子承受的壓力比我們以前大。以前的霸凌可能只限於在校，回到家就不用再面對這些壓力，但是現在，網路上的霸凌、班級群組裡的謾罵和羞辱，幾乎如影隨形！

當我們只想要孩子活下去時，很多的擔心都不是問題了。

我立刻請了假替他辦轉學，沒想到轉回基隆，遇到一位嚴格但很關心孩子的老師，整個班級讀書風氣良好，同學間的相處非常融洽。我一度以為弟弟青春期的情緒暴衝，竟然都消失了。他每天開心去上學，即使到國三考試頻繁，我們在車上還是有說有笑，每天討論他想要讀的學校。弟弟說，沒想到普通班的同學這麼善良！

我想起我家哥哥高一時，遇到一個每天罵學生的導師。哥哥的週記沒交，老師竟然當眾說他既然沒錢買週記，就請媽媽來申請低收入補助。老師替他取了難聽的綽號，還在哥哥不在場時說給全班聽，讓他成為笑話。他每天一進教室就是罵孩子爛，說他不想教這一班。有這樣的老師當導師，當然班上開始有人言語霸凌同學，什麼難聽的話都可以從同學的嘴巴聽到。

在群組裡跟老師溝通無效，我到學校去當面跟老師說：「我是來申請低收入補助的，請問是找您申請還是找校長呢？」

老師說要他申請低收補助是開玩笑的。我很嚴肅的告訴老師：「玩笑不是這樣開的，還好我們不是低收，不然你叫孩子怎麼活？……可以請你不要再說孩子爛嗎？孩子本來不爛被你說了一整年，不爛也爛了！你可以教育、可以處罰孩子，但是不能羞辱他！」

一個這樣的老師，帶出來的班級當然霸凌不會停止，孩子住校又跟同學朝夕相處，摩擦和衝突不斷，影響了孩子的學習和健康。

當時我還找輔導室幫忙，請輔導老師看看能不能開導他，沒想到輔導老師竟然跑到球隊，跟哥哥說是我叫老師去找他的。這讓哥哥在同學面前尷尬難堪，對我也很不諒解。

最後我們還去找校長，校長面對老師的狀況一點也不驚訝。他說：「那個老師就是任性……」聽到這句話，心真的都涼了！要等一個五十幾歲的老師長大，我都老了！學校明知道這老師是這個樣子，卻還是派這個老師給最需要關心的體育班。

那是一個完全走鐘的環境，沒有什麼好留戀的！雖然可以靠打球和體育成績上大學，但是孩子都快要活不下去，就算前途再光明，他也走不到終點。

受到霸凌的孩子會覺得沒有結束的一天，不知道同學的惡意會到什麼時候，不知道在一個滿是批評和羞辱的環境中，自己還有沒有價值，當然就很容易想不開。

我家兩個孩子都從體育班轉出，現在在其他學校都活得很好。很多人問我，遇到這種情況怎麼辦？他們很怕向老師反映後，孩子的狀況更糟。我只回問一句：現在還不夠糟嗎？面對老師和同學的霸凌、惡意，不需要處理嗎？

忍耐，從來沒辦法讓惡意停止。

這句話是我家孩子在長達十年體育班那樣高壓生態裡，唯一學到的寶貴經驗。我也相信，一定有個友善的環境能夠適合孩子。別人能夠待的地方，未必適合自己的孩子。霸凌很有針對性，同一個環境裡，每個人的遭遇和被對待的方式都不一樣。

當孩子被霸凌時，一定要跟老師反映。有時候不是老師不處理，而是因為霸凌多半在檯面下發生，老師沒能及時發現。一旦有狀況，請老師務必處理和教育。

如果連老師都是一副芭樂樣，總表現出事不關己、無能為力的樣子，面對孩子的處境兩手一攤，甚至老師根本就是帶頭霸凌的主角時，我會直接去找老師溝通，請他和學校盡到該負的教育責任；請他們想辦法停止對孩子的惡意。

當孩子已經開始出現身心症狀、情緒不穩、無法念書時，與其花時間抗爭和折磨，換個環境也是一種選擇。最重要的是，陪著孩子想想辦法，聆聽孩子的聲音，讓孩子知道我們對他們的愛。

不要覺得撐下去才是面對挫折，帶孩子找到一個友善的環境，讓他知道生命有希望，這才是最重要的。

我們都要為孩子勇敢，不要讓孩子的生活只剩硬撐下去！

願每個孩子都能得到善意的對待。

03 努力過，就好

決定讓妹妹去上英文課時，我抱著很大的希望，心想說不定這樣做，她學習英文的障礙會小一些。我幫四年級的她報名初級班，和幼稚園大班及小一的孩子一起上。

剛開始還跟得上，但漸漸的，很多都聽不懂了。我想，語言就是要一直接觸，就像學說話一樣，說不定自然而然就多學會了幾個字、幾句話。

有天早上忙完早餐，我坐下來陪她念英文班的功課。我要她跟著我念，她卻含糊帶過。我堅持要她念好，但她總會跳過幾個音，光是dance with me這句，她一個字一個字念還可以，但連在一起就不行。用盡各種方法教她，教了兩個小時，她總算可以完整念出來。

有時候，最困難的是要決定她到底能不能學會。如果學不會，是不是就不該強求，讓她略過？還是應該堅持讓她學會某一句？

光是一句話，她就練習了兩小時，剩下的三頁課文只好讓她用點讀筆聽一聽，胡亂跟著念過一遍。

到底是因為智力的限制，還是聽力的影響？或是因過動而無法完全接收訊息？我教完她都快虛脫了。趁著去市場買菜時，我呼吸一下新鮮空氣。

一踏進市場，熟識的攤販就問我妹妹怎麼沒來，我說妹妹在家裡聽英文，等著幫我洗米煮飯。她說：「你家妹妹好棒！我家國中的女兒看到阿嬤在洗米煮飯，還會偷偷打開鍋子倒沙拉油、醬油、米酒，什麼都倒進去，每次都被阿嬤罵，還是常常這樣！昨天她把我整個辦公桌抽屜的東西全部丟掉，裡面好多裝了錢的紅包被丟進垃圾桶，真是讓我氣炸了！事後想想又覺得她很可憐，一定是想幫忙卻不知道該怎麼做，沒辦法分辨哪些東西要留下來，真不知道該怎麼教她。」這朋友家的特殊孩子雖然已經上國中了，很多行為仍停留在小小孩階段，讓她頭痛不已。

回到家，妹妹迎上來，告訴我米已經洗好，也按下去煮了。她很乖巧的聽了三遍課文，還煮了飯呢！

我眼眶泛紅，抱著她說：「謝謝你！」同時心裡對早上因她學不會而發脾氣有著滿滿的愧疚。早上教她一句話用掉兩個小時，真的耗盡我所有耐性，但是，我相信她盡力了。

晚上睡覺，她又摟著我說：「I love you!」這孩子，讓我歡喜，讓我憂。

上天給每個人的功課不一樣，每個孩子給我的功課也不一樣。兩個聰明的哥哥主觀意識強烈，青春期的尖銳和叛逆讓我傷透腦筋；善良的妹妹總是學不會，常常讓我費盡心思和耐性。

人生本來就充滿挑戰和挫敗。如果一句話要花兩個小時，那我們一天學一句，三百六十五天就能學會好多句。**就像我如果沒辦法讓家裡兩個哥哥專注在課業上，那就當他們的朋友，至少他們知道媽媽的愛，就不會走偏。**

我們都努力過，就好。

04 陪你一起，慢慢走

資源班老師來向我說明申請助理員的鑑定結果。老師說，她在教室調適了心情後才過來，但是說著說著，還是哽咽落淚。

她說對我不好意思，沒能替妹妹爭取到助理員的時數。雖然妹妹有中度手冊，但是我們把她照顧得太好，生活自理能力無虞，因此拿不到助理員任何時數。她心疼孩子很想學習，也進步了很多，卻沒能有足夠資源來協助她，讓她在課堂上少一些困難。

她出生的時候，全身肌肉張力不足，軟趴趴的使不出力氣，還曾經拿過中度肢體障礙的手冊。語言、職能、物理治療的課程上了好幾年，體操課在台北和基隆兩地整整跑了六年，我還到處幫她報名直排輪、羽球、美術等等各種課程。她的肌耐力就這樣一點一滴的培養起來，現在可以跑、跳、翻、躍，行動自如。

她學不會英文，我們就讓她去上美語課，一週兩堂，市區來回接送，還多上一堂個別家教課，上了一整年。雖然她還是無法寫出二十六個英文字母，但是就連洗澡時都會念著上課教的英文句子。

所有能夠讓她點滴進步的課，我都把時間排滿，盡力去做，從不放棄。然而，唯一使不上力的，竟是在學校裡資源班之外的課程。

妹妹的反應慢，精細動作不佳，太多流程的工作她沒辦法很快理解。她看不懂字，老師講過的她來不及吸收，又不能像其他孩子看字輔助記憶，特別是遇上喜歡叫學生抄筆記的老師，她只能在課堂上不知所措，大家在抄寫時，她就像個局外人。考試的時候更慘。她無法讀題目，寫不了答案，總是帶著極差分數的考卷回來給我。

如果上課時能有助理員阿姨協助她，就能替她抄寫筆記，讓我回家後可以念給她聽。上課時，阿姨能把老師剛剛說過但她來不及聽的事再說一遍；考試的時候阿姨可以替她讀題，讓她可以選擇答案填寫。

或許在很多人眼裡，中度智能不足就代表無法學習，認為不需要花資源在她身上。很多人會用CP值來看待每一件事，會說花雙倍的力氣和時間在這樣的孩子身上值得嗎？會有回饋和成果嗎？

更讓人難過的是，我們的努力和她的乖巧，竟然成了申請資源的阻礙。老師對我說完後，掉下眼淚，我也紅了眼眶。

我對老師說：「昨天她吃披薩，跟我說皮很硬！我說：『怎麼會？我覺得很軟耶！我想你可能需要換大鋼牙，你的牙齒好像不給力！』她跟我說：『覺不覺得硬，是個人的感受問題！』」

她的回答讓我好訝異，可以清楚說出自己的想法，用詞精準，而這就是我們努力過後，這孩子發展出的能力，她在累積之後綻放出來的，常常讓我們感到驚豔。

可惜這些能力和進步無法量化，沒辦法讓委員們知道，只要給她多一些幫助，她就可以有顯著的進步，就能學得更多，而不是被貼上標籤後就被放棄。

任何標籤都不能否定她的價值！

掌管資源分配的長官們一定和媽媽或老師想的不一樣。長官們想的是投資報酬率，媽媽們想的只是想讓孩子在學習上能減少些微的困難。

於是申請不到的，我們自己想辦法。

我請老師幫忙評估她有哪些課需要協助，我們自費請助理員入班，讓老師上課不需要多花個別時間照顧她，也避免讓她在教室成為邊緣人。

親愛的妹妹，別擔心，即使全世界放棄你，還有媽媽緊緊抓著。我會陪你一起慢慢走。

05 人生很長，選錯一條路沒關係

我家弟弟國一快結束時，沒有一科及格，自己把雙手摳到破爛，情緒暴躁，跟我說話時，身體會焦慮得一直搖晃停不下來。我知道他快活不下去，沒等到學期結束，立刻遷戶口幫他辦轉學。

轉出的那天，那不斷傳訊息給我數落孩子的導師，笑著告訴我：「轉出去也好。」沒有任何一個師長留他，甚至連教練簽名時都當作不認識他。看到這學校對待他的方式，我好後悔沒有早點把他轉走。

我請了一天假，辦完轉出手續，帶他去逛鋼彈展，買了兩大盒模型。我告訴他：「這個禮物是要慶祝你離開這鬼地方。我們不打球不會死，從今天開始，你做你喜歡做的事。」

轉到了新學校，導師皺起眉頭問我：「他從小到大只會打球，沒有了舞台，這孩子怎麼辦？要不要考慮讀其他學校的體育班，讓他繼續打球？」

我很擔心老師拒絕，拜託老師收他：「他需要一段時間適應，但是我相信他會努力的。」

老師深呼吸一口氣告訴我：「那我們一起幫他找個舞台。」

在初次見面的老師面前，我流下了眼淚。在前一個學校，哪個人在乎他有沒有舞台？廢物、垃圾、魯蛇……只因為他的背受傷不能練球，這孩子就被這樣稱呼對待，被師長遺棄，成了眾人攻擊的對象。

在新學校剛開始真的很難適應。新導師管得非常嚴，上課不能打瞌睡，功課只要遲交就緊迫盯人。這個班的成績是全學年第一，這讓他完全沒有喘息的機會，他要從沒有讀書習慣、每天至少打四小時的球、沒有回家作業的球隊進入一個升學班，那段適應期對他來說真是痛苦。

但是導師知道他喜歡畫畫，常把畫畫的工作交給他，接待外賓時也給了他任務；數學老師想盡辦法搶救他的爛數學；歷史老師要他站起來跟大家分享得高分的方法；因為英文成績優異，他常常得到英文老師的讚美……這一班的孩子，因為老師的認真，為了班級的整體成績，對弟弟釋出善意，不懂的就有同學教他寫。

我被老師約談過一次，老師說他心裡受了很嚴重的傷，沒辦法正視那一段往事。很多以前被對待的模式和自我保護的方式，常常不自覺用來對待同學。她會想辦法慢慢調整他的態度，讓他知道自己的價值和能力，讓他知道在這個班級不需要武裝自己。

在這個讓他安心的地方，他開始讀書了。從二十五名慢慢爬到二十名、十五名、十二名……

我買了好多畫本、畫具給他，他每天完成作業，就沉溺在動漫世界裡。每天接送他，他會在車上說同學和老師的趣事，讓我也抱著肚子大笑。他還告訴我想考台北的學校，想讀廣告設計科。雖然覺得以他的成績來看是不可能的夢想，但是我鼓勵他：「只要你想讀，只要你考得上，再遠，我都支持你！」

沒學過畫畫的他，自己報名了台北學校廣告設計科的特招。原本信心滿滿，一考完，他說看到旁邊考生畫的圖，才知道我說的是真的，沒有補習、沒有學過畫，怎麼可能考得上？會考完後，他的分數填不上想去的學校，我們覺得那就跟哥哥一起進私立高職也可以。

沒想到後來我接到特招學校的電話，說他備取上廣告設計科，必須盡快報到。我打電話告訴他，他立刻出門，第一次自己搭車去那學校完成報到手續。

最感謝的是他後來念的這間國中，給孩子這麼多的包容、鼓勵和友善的環境，謝謝他的導師不放棄，努力拉起這個孩子，讓他不只活下來了，還擁有夢想，不斷朝自己的目標前進。

未來三年，他每天五點四十分要出門搭車上學，而且聽說作業很多，一定很忙很累，沒基礎的他會讀得很辛苦。**但是再痛苦的過程他都撐過去了，我們也會一直陪著他，度過人生的每一個坎。**

人生很長，選錯一條路沒關係，我相信一定能遇到對孩子友善、讓孩子發揮潛能的貴人和環境。相信他未來能讀得很開心！

而勇敢帶著小孩離開鬼地方的我，很驕傲！

06 啟動青少年欣賞美景的人，或許不是我

以前總覺得，做什麼事都應該全家人一起，總是想把最好的留給孩子。自己一個人吃美食、看美景常覺得遺憾，沒能跟工程師和孩子們共享。

為了讓工程師也能看到我眼裡的美景，曾經約了晚睡的他凌晨去外木山看日出，是讓他看到了美景，但是那假日他昏睡了一整天，哪裡都去不了。作息不一樣，硬是要對方配合，有時好意變成了壓力。

兒子們從國小一年級開始，因為週六都要練球，我們很想趁星期天放假帶他們出去走走。上國中後出去過幾次，哥哥竟然對我說，他想留在家裡休息，

可以不要出門嗎？

我很難理解，還回他：「怎麼可以不去？這是全家人的活動，好不容易放假可以出去走走，為什麼不想去？」

硬是將想留在家裡的哥哥們帶出門，結果就是他們直接上車睡覺。在我驚呼碧海藍天的美景同時，還會回我說：「就是雲、海和幾棵樹，到底有什麼好看？」

熱臉貼了他們的冷屁股，無論帶他們去吃什麼都沒興趣，去哪裡都沒意見。有時我興奮的下車拍照，他們卻寧可留在車上睡覺，整個旅程弄得他們不開心，我也很痛苦。

有一次帶他們到台東去看熱氣球，連開了六小時的車。但回來後跟大家聊起，我說得興奮激動，弟弟卻說：「累死了，開那麼久，就看那幾個氣球，有什麼好玩的？」後來花了很多錢去賞鯨，哥哥卻說：「就幾條魚跳來跳去，要看什麼？」當時他還堅持不走出甲板，真是讓我非常訝異。原來大孩子看我們替他們規劃的行程，已經是用這樣的角度。

等到兩個哥哥年紀大到可以獨自在家後，我們決定尊重他們的意願。出去吃飯盡量找選擇很多的賣場，坐同一桌，但是讓他們拿錢去挑自己想吃的東西。規劃行程前也先問他們要不要去，不去就只訂我們和妹妹的房間。完全不需要考慮他們，反而更隨興自在，可以緩步慢行，不需要看他們無聊不耐煩的表情。還有我們愛吃辣，吃東西就不再需要顧忌吃不了辣的哥哥。

暑假時，我們安排去日本一趟，先問了他們要不要去。他們也想，所以替他們訂了同一間飯店、機票，訂了一天的共同行程。工程師給他們一些錢，那三天就讓他們自己規劃行程，自己摸索該怎麼坐電車，先想好要買哪些東西。

現在想想，如果那五天行程我們硬要一起走，跟著弟弟去秋葉原三次，我大概會瘋掉；而我們每天走十幾公里去看樹、看風景，他們兩個青春少年應該也會爆炸。

我們也學會了不問他們去哪裡，只給機會和資源，看他們要怎麼運用，用什麼方法去面對。那就是他們自己的選擇，多問也只是讓想法或做法不同的自己生氣和惋惜。

想想我自己在高中前，每天坐車上學就會看到海，沒有太多感覺，甚至不會多看一眼。可是自從跟工程師談戀愛後，騎車到任何一個海邊，隨便一道夕陽、一波浪潮，都能讓我感動不已。滿眼潮起潮落的原來不是海水，而是滿天愛心。我想，兒子們並不是不願意欣賞美景，只是啟動他們去欣賞的人還沒出現；而那個人，不會是我。

人家說老來伴，大概老了就只剩下跟我慢慢走的工程師，所以我要多巴結他一點，目色好一點，配合度高一點，不然他會把我一個人留下來，只規劃專屬於他自己的行程。

兒子們傻傻的，沒有媽媽聰明，不知道緊緊抓著工程師就能吃香喝辣，還能看到漂亮的風景哪！

07 沒有不能談的話題

我們家哥哥和朋友約好了出去玩。工程師立刻緊張的問我：「是跟女生去約會嗎？會不會太早了一點？」

我跟工程師說，是我載他去見面地點，但沒有問他是男生還女生，只拿了零用錢給他要他好好玩。我只怕他不出門變成宅男，要出門去玩我都很開心。

載他去台北的路上，我們從他喜歡的動漫女生角色開始聊起，還聊到我年輕時有好多人追！聊到以前男生追我的時候，我最討厭的事像是：約會時男生走自己的，完全不等我；吃牛排用筷子；隨意拿我的飲料去喝；夾我盤子裡的東西去吃；在我面前張口剔牙；付錢的時候完全裝傻；連一塊錢都跟我計較；不答應追求時態度惡劣……我說了好多例子讓他瞠目結舌，還笑得很開心。

我提醒他，如果和女生出去一定要維持禮貌，那些我以為是普通朋友或還沒追到我卻有逾矩動作的，只會讓我產生反感並列為拒絕往來戶。如果只是跟以前的同學出去，不可以做些讓人會誤會心意的動作；如果真的喜歡對方，就更要懂得尊重對方。

不只要注意自己的行為，從女生的很多習慣上，也可以看出這個女生適不適合交往。像是遇到會一直要求男生買東買西的女生，他就要學會衡量自己長期下來能不能負擔；約會時一直亂發脾氣的女生，他得想想是不是真的要跟任性的人生活；還有把髒話當發語詞的女生，儘管長得美，但是不是他想像的合適對象。

最後我還加了一段故事，提到以前有同學因為偷嘗禁果被迫結婚，兩個年紀和他差不多大的孩子，才高中就必須放棄學業，工作賺錢養家養小孩。我告訴他，既然已經長大，就要凡事想得周到，之後交女朋友或做任何事，一定要想到後果。如果不想這麼早就當爸爸，就得要管好自己的行為。我可不想這麼早當阿嬤，我有自己的工作，更不會專門替他帶孩子。

想起以前國高中的時候，我爸管得很嚴，只要有男生打電話來，一律被他惡狠狠掛掉，掛掉以後還會痛罵個幾句（啊……臭男生是聽得到嗎？）。他雖然管得那麼嚴，我還是在高二就交了男朋友（我跟工程師都沒有打電話，直接約在外面說……）。這是嚴官府出厚賊的意思嗎？

現在的孩子都有手機，用私訊、社群通訊、電話都能聊天交友，如果聽到他要出去玩就開始一直狂問或禁止，根本擋不了他們，反而會讓孩子以後不願意跟我們分享任何事，做什麼都偷偷來，遇到困難時不敢求救。與其這樣，還不如平常就跟他聊一些和女生相處時要注意的事，跟他說些偷嘗禁果的例子和後果。

我和兩個兒子幾乎沒有不能談的話題，平常就三八的、五四三的、百無禁忌的隨便什麼都聊，該說的、該提醒的都講了，剩下的就是孩子自己要思考和拿捏了。

我想讓孩子能學會冷靜的討論和思考，不要只是為反對而反對，或因為叛逆而去做被禁止的事。

08 彎下腰，看看孩子的世界

妹妹剛上三年級的時候，有一天在走廊上跟我巧遇。她好開心的飛奔過來抱住我，像是好幾天不見那樣開心。旁邊有個同學拿著妹妹的考卷，追著問她為什麼沒有訂正，妹妹躲在我背後說：「我不會寫……」

上了小三，我赫然發現和低年級時完全不一樣，除了導師的國語和數學之外，還有英文、社會、自然、電腦、音樂、美勞、體育這麼多種課。國語、數學她都在資源班上課，其他科目就在自己班上課。我應該怎麼面對這麼多老師，讓他們懂得妹妹的讀寫障礙？雖然開過ＩＥＰ（個別化教育計畫）會議，資源班老師也都跟各科老師討論過妹妹的狀況，可是聽說過「讀寫障礙」，和實際面對時的差距真的很大。

老師們都說了解妹妹的能力，但還是給了她滿是文字的考卷，她只能自己亂猜亂寫。面對極低的分數，她能做的是一題一題抄寫訂正。看到她努力仿寫卻鬼畫符的字，一個個被描了紅字，妹妹只能紅著眼眶擦掉重寫、擦掉重寫。

我沒有想要違逆訂正和罰寫的規定，只是不知道一個連名字都不認得的孩子，如何面對一張完全看不懂、滿是文字、幾乎全錯的考卷？

和她的一位科任老師討論上課抄寫筆記的問題，我說想找助理員幫忙，那老師說應該讓妹妹自己抄，這樣才能慢慢認字，寫久就會了，不能養成她依賴的習慣。但我想到如果叫我們抄寫一整黑板的俄文，看不懂任何一個字，把所有心思都放在抄寫上，連老師講解時都在抄，抄久了，我就能學會俄文了嗎？

幾年前班上有個生病的孩子，他的身體因病行動不便，肌肉萎縮造成他連握筆、拿湯匙都很困難，我們一度以為他會離開。那學期，他有兩科不及格且分數極低，我詢問科任老師，老師說：「他都不交功課，也沒考試，我怎麼給他分數？」

這樣說對，也不對。他因為腦傷沒辦法專注，雖然沒看著黑板，但是能坐在教室裡聽課，不會吵著要離開教室，這已經是他能做到最好的狀態。因為生病肌肉萎縮、功能退化，要他端坐一整天談何容易？這孩子能來上課，真的已經是盡了最大的努力了。每天看到他和病魔對抗的樣子，看著他為了其他孩子理所當然的動作而奮鬥著，真的很捨不得。所以我的課給他的標準就是：能夠出席、能夠照顧自己、坐在座位上盡力聽講。

那些老師覺得沒交作業、沒參加考試卻給他分數，會對其他孩子不公平，然而用一般孩子的標準來評量這些生了病、有學習障礙的孩子，對他們就公平嗎？給孩子的能力無法承擔的作業、處罰和要求，卻讓他們得不到任何學習的成就感，只會讓這些辛苦的孩子放棄僅剩的一絲動力。

彎下腰，去看看孩子的世界；坐上輪椅，去體會行動不便的痛苦；拄上拐杖，用單腳跳跳整個校園；在按摩椅上看本書，體會專注的困難；拿起俄文來抄寫幾遍；拿微積分來算個解題，或許才能稍稍了解這些孩子的困難。

孩子需要的不是特權，是同理心，是友善的接納。我們能不能在他們一輩子的辛苦中，給一點溫暖和善意？

09 我的慢蝸牛，不用像鳥一樣飛

我從小就是運動員，國小時是學校的桌球校隊，打了十幾年的球，養成非常好勝又急躁的個性。

當生教組長那十幾年，每次只要有評鑑，我都盡力做到最好，拿到很多特優，交通安全評鑑還得過全國金安獎。可是生了妹妹以後，我這個急驚風遇上慢郎中。她不是普通的慢，是我帶過這麼多孩子以來，沒遇過的終極的慢。

她是我盼了很久才生的女兒。剛開始看著她的發展，不像哥哥們一樣超前就算了，比起傳統說的七坐八爬還晚上很多很多，讓我非常心急，到處找醫生、找問題，想辦法讓她迎頭趕上。但是，她就是全然的慢，不管我多急，她就是有自己的進度；不管我怎麼教，她就是學不會。

我感到挫敗、生氣、擔心，不只是為了她的身體擔心，也常常因為教不會她而落淚。我開始學習放棄。

對我這樣的人來說，努力是必然的，放棄才是困難的。

我不是放棄她，而是放棄要求回饋，放棄自己的期待。我一樣教她，不再期待她學會。我陪著她生活和體會，慢慢的，很多事情她在沒有壓力的狀態下學習，累積經驗和感受後，竟然就會了。

後來，我重新定義了「遲緩」這兩個字。對我來說，「遲緩」就是兩歲不會，三歲就會了；三歲不會，最晚五歲就會了。小一的時候連注音符號都沒辦法仿寫，到小二下學期，她的國字都可以寫得很像了。

一個每天批改作業的老師，看到自己孩子鬼畫符般的作業，我怎麼能夠接受？但當她很認真寫完自己根本看不懂的作業，我如果只是批判和嫌棄，要求她不斷擦掉重寫，她接收到的訊息就會是：努力沒有用，反正不管再怎麼努力，都達不到要求；不管多認真寫，都要擦掉重來，那乾脆放棄。

因此，面對她每天寫得凌亂錯誤的功課，我只鼓勵她，讚美她寫得好的地方。「哇！這個字寫在格子裡耶！」「這個ㄅ你記得勾起來了！」「這個一寫得很直！」「這個口像正方形一樣，方方正正的真漂亮！」

我把希望她做到的期待放在讚美裡，讓她知道努力有被看見。得到讚美和成就感後，孩子就會一點一點進步，一邊寫，一邊念：「要把字寫在格子裡面，勾勾要勾起來……」雖然還是不認得字，但越寫越好，越寫越接近正確。

面對一個看不懂字的孩子，我們要求她的是什麼？正確度嗎？整齊度嗎？還是讓她保有一點點對學習的興趣和熱情？

我不再拿著字卡追著她問這是什麼字，不再要連三加二都不會的她去背九九乘法表，而是帶著她去賣場選出她要買的東西，或帶她去餐廳教她點餐、結帳；帶她去旅行看美麗的世界，讓她帶著相機拍下喜歡的景色……我們努力培養她的自理能力，讓看不懂字不再是一種障礙，而是她的特質。

我不期待走得慢的蝸牛能跟鳥一樣飛上天。**她不用跟別人比，在她的能力範圍內，盡力就好。**

10 致母親這個角色

十八年前的母親節，我和工程師訂了婚。從一個女孩，變成少婦，又成了媽媽。當了媽媽，才知道這個角色一點也不簡單。

孩子的嬰兒時期，生活中只剩下寶寶的吃喝拉撒，尤其是磨人的孩子，讓我整整一年沒有一天能一覺到天亮。

老大還沒穩定，接著又懷了老二。孕期的不適，加上不好帶的老大，常常讓人情緒瀕臨崩潰。

工程師在新竹工作，週末才回來，有時下班去保母家接孩子遇上大雨，總是前面抱一個，後面背一個，雙手掛滿孩子的東西還得拿傘。好不容易狼狽的走到家，全身溼透。踏進家門，我和兩個孩子都哭了起來。

等兩個大的終於進入幼稚園，開始不用黏在我身上，沒想到又有了妹妹。之後就是頻繁就醫、一張張的手冊，再加上求學的挫敗、學不會的焦慮、到現在沒停過的各種課程……有人說我因為妹妹而忽略了哥哥們，但有沒有人想過我的分身乏術，甚至因此忽略了那時疲於奔命的自己？

為了很早出門的孩子，我每天五點開始準備早餐，努力變換口味、努力保溫，想盡辦法讓他們可以吃到熱騰騰的餐點。

下午一下班我立刻去買菜，回家簡單處理一下，又趕著出門接孩子，再趕回家，連衣服都來不及換，用最短的速度煮好三菜一湯。

沒有一個媽媽能夠滿分。除了媽媽這個角色，我也是一個人、一個女人、一個老師、一個妻子、一個女兒、一個媳婦、姐姐、妹妹……雖然盡了全力，耗盡所有時間和力氣，青春一天天逝去，因為沒有任何時間可以運動而有了重度脂肪肝，但是總有做不好的、考慮不夠周全的、使不上力的、能力不足的、做太多的、被嫌棄的、被批判的……但我總是想著，有努力過、盡力過就好。

很慶幸在這樣的忙碌中，我沒有因為任何一個加諸我身上的身分而放棄自己，還能保有一點自己的夢想，還能騰出一點點時間來成就自己。在被孩子嫌棄的同時，在教育孩子受挫或被上司羞辱時，我還能對自己的努力感到驕傲。

當媽媽十多年，最大的體悟就是，**如果連自己都不愛自己，沒有人會愛你；連自己都不心疼自己，沒有人會感謝你；如果沒有懷抱一點夢想，孩子遠離後，不知道還剩下什麼。**

不管有多少人需要你，不管有多少人不懂你，別忘了留給自己一點點的空間。要最愛最愛自己，讚賞並鼓勵自己的努力。人生，要為自己而活，要想盡辦法讓自己快樂。有了快樂的自己，才有力氣去承擔所有的身分。

敬母親這個角色，敬每個被孩子傷透心、卻仍然努力成就孩子的那個傻不隆冬的笨媽媽。

第三部

神媽咪與神隊友的相處之道

家庭要和樂，就要有個神隊友！
看神媽咪如何牢牢抓住神隊友的心，
讓整個家都可以感受到滿・滿・的・愛……

01 人生有幸，有個神隊友

我的老公暱稱工程師，是一個很特別的人，個性內斂又低調，認識將近三十年，幾乎沒聽過他抱怨或嫌棄任何事情。

相處這麼多年，我們的生活當然會遇到問題，但他都會想辦法解決。像是剛開始知道妹妹有狀況，他從沒有過怨天尤人、拒絕接受這個階段，只是問我：「要去哪裡做檢查？報告怎麼說？」

當拿到令我傷心欲絕的手冊，他也只是問：「要去哪裡復健？可以排哪些課來幫助妹妹？需要多少錢？」

為了讓妹妹進步，我們曾帶她去上一千元一堂的課程。工程師說，只要妹妹有進步就去上。妹妹上了課，但壓力太大，那陣子情緒很不穩定，他就問我：「這樣好嗎？孩子能力可以慢慢來，但是好脾氣的妹妹變成這樣，不是我們想要的。」

因為他工作忙碌，妹妹的復健、就醫等事情全落在我身上。如果他有空會陪我們去上體操，有時他下班都已經晚上八點，知道我帶妹妹在醫院看醫生，還沒吃飯的他就會繞過來陪我們一起。平常下班回家，他會認真聽我說帶妹妹去復健的狀況，還有上課時遇到的問題。

像這次沒有申請到助理員時數，他只問我：「助理員平時協助她什麼？哪些課需要？這樣一個月下來需要多少錢？」還提醒我如果沒有申請到時數，不可以占人便宜去拜託助理員，我們自費請人就好。

一個媽媽面對孩子的狀況和挫敗，已經很疲累了，這時身邊的人真的很重要，如果只會批評、抱怨、嫌棄卻不幫忙，真的會讓媽媽感到身心俱疲。而我們家工程師的情緒很穩定，總是理性思考。如果我在外面遇到挫折或委屈，回到家跟他說一說，就能平復情緒，在他面前好像沒有什麼解決不了的問題。

我的生活和工作也很忙碌，對於家事實在感到分身乏術。剛開始我一邊打掃一邊生氣，累到快動不了，他就要我找人來幫忙，請朋友一個禮拜來做一次大整理，讓我可以省去很多工作。我在整個餐桌上堆滿了要處理的書籍和文件，他也總視而不見，不會細念，因為他知道我得寫稿、審稿、校稿，每天凌晨需要慢慢消化這些資料。

那天，家裡收到一個超大烤盤，他問我那是什麼？我說是一個社團很熱賣的烤盤。他問我怎麼不拆來用？我說：「想想好像沒機會用到，看大家買，我也跟著買了……」他聽完竟然跟我一起哈哈大笑，沒有念我亂花錢。他知道烘焙是我情緒的出口，我需要從烘焙得到很多成就感，才能繼續努力下去。

我們家孩子每天晚上六點多就要吃飯，可是工程師回到家都八點了，我常常得把所有的飯菜放在電鍋裡保溫。但是蒸過的菜都變色，口感也變差了，他都不介意，說有得吃就好，從來不會嫌棄我替他準備的晚餐。

妹妹二年級時，他有次看到妹妹的作業，驚訝的問我說：「妹妹是讀寫障礙嗎？功課怎麼寫成這樣？」我翻了個白眼跟他說：「妹妹已經讀寫障礙很久了！你現在才知道嗎？」

他就是把妹妹當作一般孩子在對待，完全忘記了她的不一樣。有時真的讓人又好氣又好笑，但是想想，他不用跟著我一起擔心難過，而我不需要去承擔他的情緒，這樣也很好。

從妹妹入學後，我就沒有社交活動了，跟朋友們漸離漸遠。有天，工程師問我多久沒去聚餐了？我說：「大概四年，又沒朋友聚什麼餐？」我其實一點也不遺憾，因為他三不五時就帶我們到處吃美食，突然有個念頭就帶我們衝去武嶺看雲；我說要去花蓮，他也二話不說，房間訂了就去。

我的演講通常每週排兩場。星期三有演講，他那天就得自己去外面吃飯；星期六有演講，他就要帶妹妹去上體操，還要處理三個孩子的午餐。但是，他從來不會叫我不要去，因為他看過妹妹被剝奪受教權時我痛不欲生的狀態，他知道我想讓更多孩子免於受到不正確的對待。即使我沒有公假，考績乙等，少了好幾萬的獎金，他連眉頭都沒皺一下，霸氣的說：「多少錢？我給你！」

我們沒有大富大貴，他也常常說我是「大錢坑」，但是又捨不得我身上沒錢。有次聽到我寄出了十六箱愛心包裹，他匯給我的零用錢就多加一些，用行動支持我的付出。

他對我百般的支持和寵愛，讓我往前直衝，沒有後顧之憂。在外面我遇到任何難過的事，只要回家抱著他大哭一場，就能重新站起來繼續奮戰。

我覺得自己很幸福。人生能有這個神隊友，夫復何求？

02 天衣無縫的互補

年輕時談戀愛，工程師常常問我想去哪裡兜風，說歐兜賣可以到的地方都順路。我的方向感很差，老是搞不清楚哪裡是哪裡或路程有多遠，隨口說了太魯閣，我們就兩輪噗噗噗的騎到花蓮去。

高中的時候，他陪我準備聯考，大陸的鐵路哪一條從哪裡到哪裡，念理組的他都背得滾瓜爛熟，讀文組的我卻一條也記不起來，從來就搞不清楚從北京到廣州有哪幾條鐵路可以通。

以前他就知道我只有數學一科好，對我包容力很夠。他看我背書背不起來、地圖看不懂、作文不會寫，常常只是摸摸我的頭，愛憐的安慰我說多看多練習幾次就會了。他總說地理不好，還有一科數學可以補分數；看不懂地圖，有衛星導航能解決；作文不好，不會影響我們對話。相識快三十年，結婚近二十年，這些都不是問題，有愛就能克服一切。

弟弟念國中時，為了獎勵轉學後讀書很辛苦的他，除了平時讓他去買鋼彈、模型，我還告訴他，如果考上高中，就帶他去日本的秋葉原朝聖。弟弟果然說到做到，於是我約工程師一起去。工程師本來整顆心都在工作上，要我自己帶小孩去，但是又怕我把小孩弄丟。最後我說費用都由我出，他才勉強答應，排了休假陪我們。

我們安排自由行，但要自己訂機票和飯店，我從來沒訂過，我姐姐還跟我約時間用視訊教我訂機票。看到我手忙腳亂的樣子，工程師看不下去，問了我時間，問我要去哪些地方，我卻一問三不知，東南西北也搞不清楚。他默默查了資料，花了幾分鐘就把機票和飯店搞定，排好景點，還訂了一天賞富士山的包套行程……能預訂的他都先訂好了，只叫我去銀行換日幣，沒想到我六天排了八場演講，根本沒時間，他又自己摸摸鼻子，用中午休息時間去換日幣。還沒出門，他已經花了十幾萬……

我變成他老婆以後，他才發現只有數學一科好，真的很可怕。他總說我是詐騙集團，我覺得很委屈，我只是始終如一呀……

常常有人問我到底有什麼不會？現在發現了嗎？我好多東西不會啊，尤其是不會付錢哩！

都說夫妻互補互補，我們是不是補得天衣無縫……

03 我是千里馬？

十七歲那年認識工程師，那時他大二，我高二。偶然的機會下，我到他們學校去打桌球，認識了也是球隊的他。

我在女中讀後段班，感覺升學無望，每天藉故讀書壓力很大，老是要他載我到處兜風。好多人都勸他說，當一對情侶中的一個一直往前，另一個推不動的時候，就要考慮放棄，另外找更適合的。但是他都沒有放棄，每天陪我念書，陪我兜風。

那時候我們的生活費和零用錢都很拮据，到哪裡都吃自助餐和陽春麵。最記得有一次，我到台北去打工，他冒著雨到台北接我。回到基隆，兩個人猛發抖，身上只剩下十五元，想要買碗米粉湯，卻被老闆以沒買小菜而拒絕。他帶我去吃陽春麵，要我把麵都吃完，他說他不餓……

他總是這樣，什麼都留給我和孩子，用他的能力所及照顧這一家子。

我後來帶妹妹去做任何檢查，上任何課，即使一堂一千元，還要加上台北基隆來回的油錢，他的眉頭也從來不皺一下。

我想買中部電機，儘管最後是用天上掉下來的價錢買到，他還是匯了原價給我。

我在全台演講，他只說要開大車去，這樣才安全。

我總是有滿滿的、令人驚訝的想法，他只是陪著，提醒著，支持著。

以前他曾經說過我是一匹千里馬，現在不知道他有沒有後悔，娶到的其實是一匹兇悍的野馬？

我們從來就不富裕，無法奢侈享受，卻過得滿足又幸福。每天出門前的一個吻，是他從來就說不出口的愛意。

我們一起走過很多艱難困苦的日子，未來的人生或許還有好多好多困難，但我從來無所畏懼，因為，我有無敵的工程師，我的摯愛！

04 讓我安定的那股力量

認識工程師的時候，他是個體育健將，看起來斯文有禮、溫文儒雅，差四歲的我們在結婚前沒吵過架。他的個性溫和理智，我那時大概就是喜歡他的穩重隨和，幾乎沒有脾氣。只要我想做的事，他好像從來沒有阻止過我，什麼都隨著我，在他身邊會有一種安定的感覺。

記得那時我問我妹，覺得工程師怎麼樣？有很多人追的殺手蘭說：「看起來就是一個好人……」哈哈哈！對殺手蘭來說，工程師大概就是個按部就班、平凡無聊的老實人吧？

我和工程師雖然農曆生日只差一天，但是個性天差地遠，很多習慣都不一樣，不僅支持的政黨不一樣、興趣不一樣，脾氣也差很多。可是我們二十幾年的相處，漸入佳境。

如果愛他的實際，就讓我無可救藥的浪漫吧！

結了婚以後，才發現他真的很顧家，原本喜歡朋友群聚，變成宅男一個，從不出門應酬，一下班就回家。

他每天接送兒子們上學，在校門口等他們放學等一兩個小時長達九年，從來不抱怨。但相對的，他也不浪漫，從來不記得我牢牢記住的各個紀念日，連我的生日都會忘記，我只好在每個紀念日自己訂禮物、訂餐廳，找他一起去吃大餐，說什麼都要慶祝一番……

如果愛他的理智，就讓我盡全力的強悍吧！

從來沒聽過工程師抱怨工作上的事，對他來說遇到困難就是去解決，只有面對不長進的兒子才會動怒，其他的似乎不太會讓他情緒波動。

他這樣的個性常常能穩住我的情緒，有時很生氣的事，回到家跟他說一說，他才兩句話就能讓我的怒火平息。他就是一個這樣理智的人。

遇到體育老師剝奪妹妹受教權那件事，我痛苦到以淚洗面。好不容易教評會召開了，我很希望他可以在會議上發點脾氣，讓那老師知道我們的憤怒，可是他從頭到尾就是坐在座位上聽著、想著。還好當時有我媽媽和姐姐們陪我去，幫我怒吼，替難過到說不出話的我討回公道。

對一個理智的人來說，要他像我一樣失控，就像要我遇事冷靜那般困難。

如果愛他的負責，就承擔起他出差時的忙碌吧！

工程師在公司很多年了，其實每年有很多休假，可是寒暑假我想出門旅行的時候，他總是放不下工作，捨不得請假。每天回到家等我們都入睡後，他會繼續工作到深夜。他對工作的負責和執著，讓我們生活無虞，雖不富裕但衣食無缺。

對於他頻繁的出差，我的行程常常大亂，忙著接送孩子和處理家中大小事，總是手忙腳亂。但是我一向尊重他突如其來的工作安排，能被公司外派出差，不也代表他在公司的重要性？我以他的能力為榮，從不抱怨他的忙碌。

如果愛他的樸實，就別問他美不美啊……

在買房子的時候，我問工程師要怎麼裝潢，他說不裝潢也能住，所以我翻閱了許多裝潢書跟木工師傅討論，甚至自己在放學後跟著木工師傅一起工作，按照自己的想法完成整棟房子的裝潢。

他給我很大的空間，讓我做想做的、裝上我去香港搬回來的水晶燈、裝了我想偷懶不洗碗的洗碗機，所有我想要的都隨我的意，最重要的是，他從來不批判我已經做了的決定。

他穿衣服就是以簡單、舒服為主，衣服上有明顯品牌標籤的他不喜歡穿。有次他生日時，我送他一個萬寶龍的包包，他覺得太高調，竟然一次也沒用過。還有一次我做了件蠢事，穿一件漂亮的豹紋裙，竟然問他好不好看？他回我說，你根本是一隻金錢豹……

他就是一個樸實的人，不在意別人的眼光，所以別問他美不美，我自己盡全力漂亮就好。

自己已經崩壞，又怎能要求他是年輕的歐巴……

我們年輕時都是運動員，高眺又健美。可惜歲月不饒人，老了、皺了、胖了，都盡全力不崩壞太快。我們從不嫌棄對方的樣子，只想陪著他慢慢老。

如果把對方改成你想要的樣子，那還是當時你愛的那個人嗎？

有句話說得很對：「Just love the way you are.（愛你現在的樣子。）」我從不試圖去改變工程師。我們在這二十幾年都改變很多，不是被迫改變，而是因為愛對方、愛孩子，讓我們自己願意去改變、去適應。

對他好，他就會加倍對我們好，當一個人把對方放在心裡時，很多堅持和想法，都會為了對方而調整。

讓兩個人都盡量可以做自己，不以過度的期待要求對方。夫妻就是要互補，不把對方做的事認為理所當然，就能在生活中充滿感謝和體諒。

05 工程師的錢坑

有些人無法理解工程師對我的恐懼，其實有時候，連我都會害怕自己。

二〇一九年的暑假，我給自己一個重要的工作，就是要完成答應妹妹的承諾，給她一個屬於自己的房間。

十二年前買房子時，妹妹還沒出生，只有兩個哥哥，所以三個房間綽綽有餘，沒想到後來有了妹妹，年紀小的時候跟我們一起睡也還好，但現在妹妹長大了，確實少了個房間，該怎麼辦呢？

原本想把我們的主臥改成兩間雅房，可是這樣兩間都會很小，整個重新裝潢初估花費至少百萬。後來我想了個方法，我們家頂樓有個小書房，如果把書房改成一個房間，事情就簡單多了。

但是書房非常小，又在頂樓，沒有網路，誰要上去睡呢？我用了幾個條件跟弟弟談好，拜託他上去。他答應後，我就著手安排整理動工。

我請了需要工作的阿嬤來家裡刷油漆，把整棟刷得漂漂亮亮的，還把整棟的紗窗全換新，找了木工、水電、土水師傅……大家看過現場後估價，並打算在頂樓搭鐵皮讓房間涼爽一點，一切準備就緒。

沒想到弟弟口裡說好，遇到他阿姨時，他竟然跟她說：「反正我就是家裡最不重要的，什麼都叫我犧牲，我只好接受啊……」

聽到阿姨的轉述，我心裡好難過。他雖然嘴巴上答應，這件事在他心裡一定有很大的影響。我有好好反省，或許是因為他脾氣溫和、比較好說話，所以我們常常要他配合和妥協，長期下來讓他覺得自己最不重要，心裡很不舒服又說不出口。

知道弟弟的想法後，當天我就開始去找房子，立刻跟屋主聯絡去看房子。那天晚上就跟工程師說：「我找了一棟有四個房間的房子，我想要換房子，給每個孩子專屬於他們的空間。」

聽到我說的話，工程師摸摸我的額頭，以為我發瘋了。連我自己都感到意外，整個計畫怎麼能在一夕之間改變？

工程師陪著我再去仔細看一次房子。他思考的點很多，不斷跟我討論，但是眼看暑假只剩一個月，我不禁心想：我們有辦法把新買的房子整理好搬過去嗎？在舊房子還沒賣掉之前，我們有辦法負擔兩個房子的貸款嗎？除了買房子的頭期款、貸款以外，我們還有錢可以整理需要整修的部分嗎？

我知道接下來的生活會很辛苦，手頭會很緊，但是我不想讓任何一個孩子帶著不被重視、老是被犧牲的想法長大。慶幸的是，我們遇到很棒的前屋主，把房子照顧得很好，我們只需要簡單裝修就能搬家。

我們在一個星期內，就從原先將一個房間改成兩個房間，變成裝修頂樓書房，最後變成要搬家！接著幾天就約了很多位師傅來丈量估價，所有工班下一個星期也全部進場動工，這真的是要心臟很強的人才能承受這種驚嚇。

然而，面對這一切，工程師只對我說：「你的動作也太快了吧！哪有人買房子像喝水？比上網購物還快，讓人連後悔的機會都沒有。」

很謝謝工程師，每一次面對我的衝動，都能很冷靜的跟我討論，只要能力所及，他也幾乎都會滿足我所有的想法。算命師說得沒錯，他說我這輩子都會遇到貴人，工程師就是我生命中最大的貴人。

我下輩子還要跟工程師結婚，繼續當他的錢坑，這樣好不好呀？這麼棒的工程師，我一定要巴緊緊呀！

06 家庭和樂，靠尊重和體諒

昨天有位朋友問我，真的心甘情願過年回婆家煮飯嗎？不會想留在父母家嗎？剛結婚那幾年，真的會這樣想：為什麼我不能留在娘家過年？

我媽媽很會煮菜，每週我們姐妹幾個家庭回去，媽媽都能煮出一桌子的菜，我在娘家只要當公主，等著就能吃飯。

但是也因為和父母住得很近，幾乎每週都回娘家，相反的，前幾年孩子小，假日雜事也多，回婆婆家的機會很少。我們如果有回去，也都只有在星期六妹妹上完體操後，星期天中午又回來，總是很短暫的回去看看公婆。

一年到頭，只有過年可以停留長一點的時間，讓工程師好好與公婆和他的兄弟姐妹聊天。我都想跟自己的父母多相處，相信工程師也是。

婆婆過年期間身體不舒服，吃了藥後整個人顯得疲累，可是她會趁我在睡覺、休息時，把所有菜都洗好挑好，要炒的大蝦她會先去掉腸泥。煮飯時，兩個小嬸會跟我一起合作，我們一人炒菜、一人準備要用的食材、一人在旁邊立刻將用過的鍋碗瓢盆洗好，就連回來過年的小姑，一吃完飯就把所有碗盤都洗乾淨。大家一起忙，都懂得體貼對方，就沒有誰比較委屈。

很多事情算不清楚，婚姻裡真的要計較也計較不完。工程師有些習慣讓我受不了，但是我讓他頭痛的地方應該也不少。**想要維持婚姻就是只能磨合和調整，站在對方的立場思考，如果都只想做自己，真的很難一起走下去。**

過年休假九天，為了要讓我初二能回娘家，在婆家只待了三天就又回來了。工程師事事都為我著想，所以一年只回去當三天長媳，煮三天的飯，想一想，為他做的真的太少了。

最重要的是，工程師很大方，過年前就匯了個大紅包給我，讓我採買年貨食材時可以不用考慮太多。他看得很開，其實給我的錢不是花在他家人身上，就是要花在我們自己家。

想要老婆甘願付出，千萬不能太小氣，如果媳婦要做事又要為錢煩惱，真的會讓人怨聲載道，做得不甘不願啊。

還是那句老話，**人生不可能事事順心，想要家庭和樂，就只能靠所有人互相尊重和體諒，努力把該做的事情做好。**我沒有特別幸運，但是我很努力扮演好每個角色。

公婆和父母都很健康平安，就是我們最大的幸福。

07 工程師的支持

曾經和工程師聊到，我之前教的一個孩子畢業後在國中讀得很好，每次月考都考得不錯，沒有放任自己玩耍，唯獨國文考得比較不好……

工程師說：「啊，就得到你的真傳，什麼老師教出什麼學生。你大學聯考國文沒有低標……」跟老公太早認識的下場，就是小時候的糗事他都一清二楚，隨時會來一槍……

我說要請那孩子去吃飯，獎勵他這學期的努力，也看看他需不需要一雙新鞋子。一直以來他都穿二手鞋，現在二手鞋沒有他的尺寸了，我想帶他去買一雙。工程師說：「要吃飯也把孩子的奶奶帶去，我付錢。」

後來送米、年菜和禮券去給孩子的奶奶，跟奶奶提了這件事。奶奶說：

「我上不了餐廳，不去，不去。」雖然奶奶不願意跟我出門，但是看到她身體健康的樣子，我就放心了。

我的工程師對我做的事情超支持，對我超大方。例如有次我去新竹演講，害他沒有晚餐吃，他就自己默默去買便當。還有一次我在屏東有兩場演講，凌晨五點半就得出門，他自己帶妹妹去上體操課，一句怨言都沒有。那天我晚上八點才回到家，他一邊吃飯，一邊聽我分享這些孩子和演講的大小事。

聽到我要花錢帶孩子去吃飯、買鞋子，他沒有阻止我把錢花在別的孩子身上，還要我帶那孩子的奶奶一起去。他聽說我去各校演講宣導融合教育請不了公假，就對我說：「請事假去啊，做有意義的事，考績算什麼！」

雖然他常常笑著說我是他的大錢坑，說我從千里馬變成胖嘟嘟的黑白馬（台語「亂買」的諧音），但是看到我常常寄二手衣鞋給需要的人，他每個月匯給我的零用錢就自動調高又調高。

即使全世界都與我為敵，有工程師跟我站在一起，我就有滿滿的動力和毅力。我真的很幸運，遇到一個懂我疼我的人。

08 不要只剩下照片去旅行

和工程師去花蓮旅行，回程的時候，我們停在蘇花的路邊拍照。有個六十幾歲的老伯伯，請我們幫他和美景合照。他說他終於退休了，一個人騎著摩托車環島，在摩托車的小行李箱上貼著老婆的照片，要帶著老婆把台灣的美景看一遍。

他說以前忙著工作，都沒機會帶老婆出門去玩，現在老婆走了，才覺得遺憾。如果可以在生前帶老婆看看這片美景，該有多好？

聽了之後我有些感慨。我們都在等待很多事，等存夠了錢、等小孩長大一點、等有足夠的年假、等機票便宜一點、等退休……想做的事、想去的地方總是想了一輩子，沒能成行，但已經老了、病了、走不動了。

我不想只有照片去環島或去環遊世界。

替老伯伯拍完照，上車後，我問工程師最想去哪裡？他說好想去看極光，也想去奧地利看看超夢幻的美景。

我們約定好，把想去的地方列出來，在我們還健康走得動的時候，都去看一遍。孩子不想跟，我們就自己去，不要彼此勉強和遷就。或許等孩子以後有了心愛的人，就懂得欣賞我們眼裡的美景；或許等他們以後有了孩子，就能知道父母很想跟孩子分享美好的愛意。

年紀小的時候，一直在盼望長大，覺得日子過得好慢；現在年紀大了，卻一直擔心很多事情來不及做，深怕哪一天一直盼望的事成了永久的遺憾。

人生無常，這輩子不知道什麼時候結束，在能力許可的範圍內，想做的就去完成它！

希望我閉上眼睛的那一刻，可以帶著滿足的笑容離開。

09 黑白馬變長頸鹿

一直以來，工程師給我經濟上很大的支持。出書的時候，他知道我還沒收到版稅前，就把第一筆版稅全捐了，他很怕我連自己的老本都賠進去，所以拿錢補貼我，叫我不用煩惱錢的事。他說出書那些錢都是多出來的，拿來幫助人很好。

這陣子我常寄送包裹給學校或清苦的孩子，有時一星期的宅配費用近千。有朋友私訊說要匯款給我贊助宅配的錢，工程師告訴我，絕不能收大家的錢，我們不要被任何人找到攻擊的機會。他三不五時就會拿些錢給我，要我不用擔心做善事會有壓力。

除此之外，他要負責房貸、孩子的學雜費、球隊的月費、兒子的球衣球鞋，還有妹妹上體操、畫畫、復健的費用。每個月他還匯了幾乎三分之一的薪水給我，讓我沒有後顧之憂，可以做我想做的事。

雖然給了我家用，嘴巴上念著我吞了買菜錢不煮飯，但是只要出去吃飯，他從不讓我付錢，說我這匹黑白馬一定窮到快被鬼抓走了。

剛結婚的時候，我們沒有任何積蓄，還是拿豬公撲滿裡的錢去結清生老大的費用。而現在能有這樣穩定、不愁吃穿的生活，都是他努力工作賺來的。他的工作能力受到肯定，對我們也大方慷慨，讓我們不需要為錢煩心。

幾年前，有個朋友告訴我，要不斷誇獎老公，他就會掏心掏肺掏錢給你，讓你過好日子。嫁對一個老公，真的就像每個月中樂透一樣，我常常對他心懷感激，覺得自己高中時的眼光真的超棒的！

結果，一切美好都毀在那一天。我的存款簿沒收好放在桌上，他一翻開竟驚呼說：「你一點都不窮，存款比我還多！我每個月給你的錢要減半才對，你這隻胖嘟嘟的黑白馬！」

我雖然心裡很緊張，懊惱著怎麼會讓他發現，但是仍撒嬌的告訴他：「你忘記你上個月才轉一半的獎金給我，我還沒開始用啊！那是你疼老婆的善款，我省吃儉用剩下些家用沒有亂花，不然你是希望我把錢花光光膩？我明天就去訂LV好了！」

他想一想覺得我說得好像滿有道理，但還是很不甘心，一直笑著念著每個月的補助要減半……

這件事告訴我們：嘴巴一定要甜，平時一定要喊窮，存摺要收好，錢不能放在同一個戶頭，不然的話，肥嘟嘟的黑白馬很快就會變成瘦巴巴的長頸鹿了！嗚……

10 感謝你是我的幸福

高中時代，你總是騎著機車，守在女中的門口等我放學，載我上九份去看風景。吹著海風，沿路那美不勝收的海景，還有中秋節前夕那個史上最大的月亮，甜甜的留在我的記憶深處。

騎車兩個小時後，到雙溪吃陽春麵加上一顆滷蛋，那就是我們豐盛的情人節大餐。吃完後，再騎兩個小時回基隆。

雖然屁股很痛，但是，那份美味，至今唇齒留香。

騎著你的歐兜賣，我們踏遍全台各個角落，吃遍各地的陽春麵。那用青春換來的甜蜜，陪伴我忘卻一切升學的壓力。

大學時代，同學總是叫我「教母」，一個禮拜四天兼兩個家教，為的就是每個週末可以從花蓮飛到高雄去看你。

那年你去當兵，記得第一次的會面，為了省錢，我從花蓮坐了八個小時的客運，到高雄已經是深夜，才發現自己根本沒地方住，只好打電話給遠在花蓮的學姐，最後借住在學姐男朋友高雄的家（學長人也在花蓮哪！）。現在我連學長的名字都記不起來，但是那天獨自面對學長家長的尷尬場面卻永難忘懷。

沒有任何積蓄的我們，竟然共組了家庭，沒有準備，卻連生了三個孩子。從十七歲認識你到現在，我們已成了三個孩子的父母。這一路上，挑戰不斷，也驚喜不斷，我們披荊斬棘，攜手度過難關。

感謝你勤奮的工作，讓我們生活無虞。

感謝你的包容，讓我可以做大部分的自己，保有我的個性和脾氣。

感謝你的注意力，在我年老色衰的時候，還能常常發現我身上的新衣服。

感謝你的寬標準，讓我在工作之餘，不需要擔心家務的渙散。

有你和我一起承擔這個甜蜜的負荷，是我一輩子的幸福。

第四部

神老師與學校的孩子

這是我的班級，孩子一個也不能少！
看神老師如何與學生、與家長溝通協調。
為了讓孩子安心學習，持續努力吧！

01 讚美和接納

資源班換了老師，那孩子就開始不寫功課了。

資源班老師來跟我討論這孩子的狀況。我跟老師說：「她其實很聰明，是在試探你的底線。」

她中年級時遇到一個非常溫和的老師，老師覺得她能力差，把她的功課減了又減，但是她每次都用沒帶或不見了當藉口，把作業藏起來。配合上她無辜的表情，老師拿她一點辦法也沒有，所以她中年級時幾乎沒交過作業。

上了高年級，我習慣不去看資料，先自己判斷孩子的狀況。我找她來我身邊寫功課，確認她的能力，規定了適合她的作業，想盡辦法要她完成。這樣當然花了很多時間，用了很多方法後，終於讓她知道在我面前沒辦法躲避該做的工作。

只要她說沒帶，我就要她去書包仔細找。第一次說找不到，我就拿一本新的作業簿告訴她：「找不到就寫新的這本，隔天還是要把原來那本補上！」大概有一半以上的機率，她會突然找到，我就讓她在我旁邊把功課補完。如果真的找不到，那她就得在我旁邊把新簿子上的作業寫完，隔天還得把原本的寫完交來。

我告訴她：「作業就是得完成，在家裡不寫，就是在我旁邊寫，一定要帶來，不然就寫兩次。」

後來整個學期，她沒有缺交過功課，每天都會把功課直接拿給我說：「老師，你看，我有寫功課。」我會摟摟她，準備一個餅乾或糖果給她，對她說：「你超棒的！而且都有寫在格子裡，寫得好整齊、好漂亮。」

只要她有寫完，不會太過凌亂，我就給一個甲上，讓她下一次的作業可以因為得到甲上而少寫一行。跟其他孩子的字體比起來，她當然寫得沒那麼漂亮整齊，但是能夠完成這樣的程度，我覺得她盡了力，自然要給她大大的讚賞和鼓勵。

有天孩子去資源班上課，我對班上的孩子說：「謝謝你們都對她很好，中年級跟她同班的人就知道，她從來沒交過作業，可是現在都有把功課完成，是不是超棒的？你們要對她更好，她就會知道她的努力是有價值的。」

沒有回饋和成就感的工作，沒有人願意持續。

給孩子能夠達成的要求和目標、繼續努力的動力、改變的希望、改善的方法，就能讓一個孩子越來越好。

身邊的同學和老師很重要，如果每天不管怎麼努力都不被看見、都被惡意對待，有誰會想要繼續努力呢？

讚美和接納，是讓一個孩子從谷底慢慢爬上來最好的方法。我從來就不是溫柔的老師，但是每天一定讚美孩子。只要看見孩子盡力，就稱讚孩子，讓他們知道在我面前，努力一定會被看見。

02 不適合的指甲油

第一次看到她的手都是黑色的墨水，我問她怎麼會這樣？她說是筆突然漏水爆開了。我不以為意，要她趕緊去洗乾淨。隔天，她的雙手手指都是紅色，問她為什麼，她又說是紅筆爆掉了。

可是，身旁的同學悄悄跟我說：「老師，她上自然課的時候，拿紅筆塗自己的指甲。」我聽了後，只是告訴她，趕快去洗乾淨。

過幾天，她竟然塗了鮮紅色的指甲油來上學，配上她稚嫩的外表和樸素的穿著，真是突兀極了。我跟她說：「這個指甲油的顏色真的不適合學生，你回去用去光水擦掉，假日再塗好嗎？」

自從外公突然過世後，她陸續有了這些狀況，和資源班老師討論，我們都覺得她一定心裡有什麼事。可是她不善於表達，我們從來就不知道她在想些什麼。如果只是禁止，卻找不到原因，一樣無法解決她心裡的焦慮或需求。

我特地到藥妝店買了一瓶指甲油。隔天她到學校交了完成的作業，我看到她那已經洗去指甲油的雙手，對她說：「你有記得把指甲油擦掉，好棒啊！而且昨天有把功課寫完！你看，老師買了一瓶指甲油，透明的喔，還有漂亮的櫻花哩！我知道你想擦指甲油，但是顏色太鮮豔的在學校不適合。老師幫你擦這瓶好嗎？」

她訝異的把手伸出來，讓我擦了雙手的指甲。第一次，她在我面前露出開心的笑容，說：「老師，這樣好漂亮耶！」

她離開後，其他孩子來問我：「老師，你為什麼幫她擦指甲油？」

我說：「她喜歡指甲油啊。」我一邊擦著我的指甲，一邊跟她們說：「妳們看，很漂亮吧？要不要我也幫你們擦？」

其實我不習慣留指甲，短短的指甲擦上指甲油真的沒那麼優雅。除了婚禮以外，我已經不記得自己上次擦指甲油是什麼時候。不過，想讓孩子們不覺得自己奇怪，又想滿足她一點點的欲望，我也擦了自己的指甲。

這個班上的孩子都好乖，沒有哪個會調皮搗蛋，但是這個孩子卻讓我費盡心力，仍找不到她行為的原因。試了好多好多方法，都無法改善她的問題，我只好盡量避免讓她在行為的後果裡受傷害。

對她除了愧疚外，也多了一份心疼。我常常為了她的行為而挫敗，常常為了其他孩子的申訴而煩惱，常常為了她屢犯再犯而失望，但是上天會讓我和她相遇，一定是有道理的，只是我還沒找到方法，我們都應該再試試看吧。

和她擦了一樣的指甲油，我這短短的指甲好像也沒那麼難看了。

03 與內向孩子共處

在班親會上，通常是媽媽們討論熱烈的時刻，但是那一次讓我印象很深刻。有位爸爸站起來滔滔不絕的說，要我在課堂上增加讓孩子上台說話的機會，訓練孩子的口才。他說孩子缺乏練習的機會，面對很多人的時候，都不敢說話。

但是，我們都了解自己的孩子並在意他的感受嗎？

剛接到那個班，我好奇的仔細觀察了這個孩子。她和她爸爸的大方、口才無礙完全不一樣。她在教室裡幾乎沒有聲音，從不舉手發問或回答。在我徵求幫忙時，她也不會跟大家一起搶著舉手。但是大家都不在我身邊時，她會默默的過來問我：「老師，你需要幫忙嗎？」

她做事非常細心，會在我解說時仔細觀察，接下來把工作交給她，我都不需要擔心任何細節，她就可以做得很好。

學校有很多團隊，通常利用午休時間練習，每天的午休幾乎全班跑光光，直笛隊、鼓樂隊、朗讀演講訓練、資優班課程、球隊練習……班上常常只剩下這個孩子，什麼都不想參加。不管我怎麼鼓勵，她都不願意離開教室。

這實在很特別，大部分的孩子只要能夠離開老師的視線，要他們去哪裡都好，可是這個孩子什麼都不想參加，就是要留在我身邊，又不希望我關注。她會靜靜的在教室裡看書、寫功課，在我需要幫忙時及時提供協助。她不想離開教室，只要跟別人不一樣、需要個人表現的活動，她都不想參與。

我自己小時候因為表現不很優秀，反倒非常渴望得到關注。我做每件事盡心盡力，希望得到表揚和獎勵，因此很難想透這孩子為什麼這麼低調，只想躲在群體裡，不想被發現。不過，面對這樣的孩子，我只鼓勵她，不強迫或要求她必須踏出舒適圈，或許待在教室她才有安全感。

如果有適合她的活動，我會問問她：「有時去嘗試看看從來沒做過的事，會有不同的體驗和學習，你要不要去試試看呢？」如果還是不願意，我會說：「下次等你準備好，有機會時再想想看好嗎？」

我們都常用自己的方式和角度去看孩子，總覺得她錯過這個機會很可惜，應該要把握，只要多練習，就能像別人一樣站在台前侃侃而談，請老師多訓練、多給孩子機會，孩子就能在台前享受鎂光燈的照耀！但是，**我們可能都忘了站在孩子的角度想想：孩子真的想要嗎？孩子準備好了嗎？**

國中時，我常常看我妹上台演講。她代表學校出去參加演講或辯論比賽，常屢獲佳績後在全校師生面前領獎。看到她站在台上，我雖然很羨慕，但是我知道自己的口才不好，聲音難聽，對於上台這事我能躲就躲，深怕被點到名回答問題。直到當了老師，我才勉為其難的拿起麥克風說話，更沒想到，現在竟然每週都到各校演講。

每個孩子都有自己的舞台，都走不同的路。我們應該尊重孩子的個別特質，提供他們學習的機會，欣賞孩子和別人不一樣的表現，給予他們足夠的安全感和肯定。**愛他們現有的樣子，是與內向孩子共處最舒服的方法。**

在我們的心裡或許也住了一個內向小孩，在某方面希望被肯定，但是不想被看見，就是不想跟別人不一樣，站在台下或群體裡更能自在。

現在回想起來，好感謝我的媽媽，從來不會用姐姐們的好成績給我壓力，也不會因為妹妹和弟弟的多才多藝而忽略我的存在。因為媽媽尊重我們六個孩子的特質，所以現在我們姐妹和弟弟都能有自己獨立的一片天，過著不一樣、卻都很幸福的生活。

04 每個讓人頭痛的孩子，都有讓人心疼的故事

有位老師問我，有沒有帶過安置在寄養家庭的孩子？他說他這學期接了一個孩子，寄養家庭不知道換過幾個，完全不信任別人，動不動就動手打人。老師對他很有耐心、很友善，但已經三個月了，為什麼防衛心還是那麼重？為什麼他不願意改變？

我想起幾年前，有個單親的孩子受了重大創傷，跨了好幾區安置在我班上。這孩子的防衛心超重，跟他說話老是瞪大眼睛不太回答，只要我的聲音大一點就流眼淚。剛開始我覺得不想給他壓力，不要求他寫功課、交作業，考試

沒準備就不用參加，可是我發現他對班級完全沒有歸屬感，生活中也沒有任何人對他有期待和要求。

他常常曠課，只要沒來學校，我就得開好遠的車去找他，常常一天的空堂就花在找他的往返之間，又拖又拉的把他帶回學校，隔天又躲在家裡不出門。可是只要到學校，他就能跟同學相處得很好，每一堂下課都有說有笑。我知道他喜歡上學，但是為什麼不想出門呢？

離開在家裡的媽媽，對他來說是一個很大的恐懼感，在飄泊的生活中，媽媽是他唯一可以依靠的人。

我開始幫他找朋友，找些比較溫柔、文靜的孩子跟他坐在一起，開始要求他交功課、考試。他其實很聰明，常常沒到校卻成績不差。我發現開始要求他之後，他會很在意每天要交功課，我刻意讚美他寫得很認真，聽到的時候他會露出可愛的笑容，看到考得還不錯的成績，他的眼神會流露出驕傲。那時我才了解，這孩子不想跟別人不一樣。

我們擔心給他壓力，他卻希望有人要求和期待，才不會覺得在這個班上是隱形人、陌生人，才能感覺自己是這個班級的一份子。

花了整整一年和這個孩子建立關係，用對待其他孩子一樣的態度和規定來面對他，他才慢慢願意主動跟我說話。我把買來的日用品和食物拿去他家時，他不再躲起來，也很少曠課。

後來又發生了另一件事，單親的媽媽沒辦法保護他，只好被社會局安置在寄養家庭。那孩子被安置後，每天以淚洗面，他清楚這傷害是跟媽媽在一起時發生的，而媽媽沒有能力保護他，可是他還是好想回家，好想媽媽。

我們或許會想，那種媽媽、那種家庭幹嘛回去？在寄養家庭好好生活就好。我們都只考慮到他的安全和三餐，卻顧及不了他心裡的不安。即使媽媽再差，孩子還是想念媽媽。

他又退回到那個對生活完全沒有期待的孩子。我們的關係，因為他又建立起來的防衛心，再度回到原點。在教室裡看到他三不五時因為想媽媽而掉淚，我的心也很痛。

帶這樣的孩子真的很不容易，要花很長的時間去建立關係。他經歷了我們無法想像的創傷，但是我們總是會期待他可以在短時間內打開心房，總想著我們的努力為何他不願意接受。其實，他是為了要生存而封閉自己，替自己築起高高的圍牆，他以為這樣就不會再受傷。

他過了十幾年悲慘的日子，他的童年是用血淚堆積出來的，怎麼可能在短短幾天甚至幾個月就改變？他好期待別人的愛，可是也好害怕再度被傷害。帶這樣的孩子要花很多心力來面對他曾經受過的傷、對環境的恐懼不安、對人性的厭惡無法信任、對未來的空洞沒有期待……我們只能試著理解他的痛苦，慢慢化解他的防衛機制，等待他對我們和環境建立信任，沒有其他捷徑。

每個讓我們頭痛的孩子，都有一個讓人心疼的故事。**孩子會安排到我們的身邊，或許就是因為上天知道，我們能夠好好照顧這個孩子。**

05 看見孩子的問題所在

幾年前，班上有個孩子因為近視看不清楚，讓他原本注意力不集中的狀況更加明顯，可是因為他身材高大，只好讓他坐在最後面。他上課時幾乎不看黑板，看起來很不專心，但是我不清楚到底是不是因為視力才這樣。

我提醒家長他的視力問題，請他們拿已經〇・一、〇・二的視力檢查單去看醫生，卻只帶回散瞳劑，這對他已經嚴重近視的狀況根本毫無幫助。這孩子上課時總是東張西望、放空、常自顧自的玩起來，問他任何問題都答不出來。雖然回家作業都完美無缺，但是上課寫習題總錯誤連篇。知道孩子近視不願意讓他戴眼鏡就算了，跟家長提到孩子上課不專注，他們卻猛跳腳，說是我硬要讓孩子吃藥。

因為坐得遠，我上課時必須頻繁的叫他回神，他還是沒辦法集中注意力。我知道他不是故意不專心，但是一堂課好幾次，叫到我都要發火了。

他非常挑食，只要看到不喜歡吃的菜，一口也吞不下去，常常吃到午休時間還在瞪著菜。有時他吃著吃著還會哭，甚至吃到吐。

我覺得這樣不是辦法，不管上哪一科，總是要不斷提醒，不只中斷了教學，其他同學也開始怪罪他，常常看到他被我提醒後臉脹得紅紅的。我很想解決我們之間陷入的困境，把他找來討論該做些什麼才能改變問題。

我問他是不是看不清楚？他說：「對！我完全看不到黑板的字，但是媽媽說千萬不能戴眼鏡，戴上去就一輩子都要戴了。」

我嘆了一口氣。很多家長真的都只堅持自己的想法，卻沒有想過孩子根本看不到，無法專注，在教室裡面對這樣的困境。

既然家長不處理問題，我就來替他想想辦法。我問他：「老師把你排到最前面的位置讓你上課看得到；你不專心的時候，老師敲敲你的桌子，就不用大聲叫你了。你覺得這樣好嗎？但是這不是特別座，只是想讓你看清楚黑板才調到前面來。你坐坐看這個位置，這樣看得到嗎？」

我還跟他說：「你接下來上國中、高中都要吃學校的便當，你覺得很多菜不吃會怎麼樣？有些菜可能是因為你沒吃過所以會怕，但其實吃起來不錯。以後遇到不敢吃的菜，你告訴我，我請打菜的同學給你一口試試，你配著飯吃吃看，說不定試過後發現沒那麼恐怖，少少的就不用吃到吐了。我們都努力看看，接受更多的食物。這樣好嗎？」

孩子都會犯錯，都會遇到困難，身為老師或家長，最重要的功能就是帶著孩子去面對問題，解決問題。只是怒罵孩子不守規矩、錯誤連篇、不吃青菜，都無法改善孩子的狀況，這樣只會讓我和孩子之間的隔閡越來越大，讓這孩子在班上的人際關係更趨惡化。

找出問題點，讓孩子說出需要的幫助，找到孩子能夠接受的方法。

孩子坐到前面後，狀況真的完全不一樣，有時我連敲桌子都不需要，只要眼睛看著他，他就知道該看黑板了。黑板的題目看得到，他再也不用離開位置蹲在黑板前抄題目；上課時我就站在他面前，他的專注力也明顯改善。直到畢業，他沒有再為了吃飯掉過眼淚。

我只要發現自己常為了一個孩子動怒，或一個孩子常被我提醒，我就會去思考出了什麼問題？這孩子需要什麼樣的幫助？怎麼樣才能讓自己不會常生氣？我對哪個孩子的方法和態度需要調整？如果一個方法不行，就換另一種方法，總會找到最適合的那種。

我試著不去在意不願意配合和面對問題的家長，只看見孩子的需要。如果跟家長嘔氣，等於是讓孩子自己承擔解決不了的問題，對孩子來說是一件殘忍的事。

有狀況的孩子，就是當下最需要幫忙的孩子。放下忙碌的工作，冷靜自己的情緒，就能看見問題的所在。

06 最難的一堂課

那天的回家功課是十五題數學習題，題目上有括號，必須在底下空白處計算後，把答案寫在括號裡。孩子交來的作業，如果只看括號裡的答案是全錯的，他把括弧當作計算的一部分，正確答案另外寫在題目最下方。

我把孩子找來，告訴他，題目規定一個括號三分，如果照他這樣寫，括號裡的答案都是錯的，就沒有分數了。我請他把計算過程寫在下面，正確答案填入空格中。

他說：「這是爸爸教的，爸爸教錯了。」

我很驚訝的問他：「這是爸爸教的？爸爸怎麼會這樣教？」

我們都經歷過大大小小的考試，一定都很清楚答案要寫在括號裡，更何況他爸爸學歷很高，應該對答題方式很清楚才是。我問他：「你確定爸爸是這樣教嗎？會不會是你誤會爸爸的想法了？」

他很肯定的告訴我：「爸爸就是這樣教。」

我實在很納悶，也擔心誤會他，所以跟媽媽聯絡，想問問前一天的數學作業是不是爸爸教的。媽媽說對，而且她有看到爸爸就是這樣教他，要孩子把空格當作計算的一部分，另外寫上答案。

我立刻跟媽媽道歉，說我誤會孩子了，我以為是孩子弄錯爸爸的想法，把責任推給爸爸。我也跟媽媽解釋我讓孩子把正確答案寫在括號裡的原因。

掛掉電話，我把孩子找來，跟他說：「老師對不起你。我有問過媽媽了，她說數學作業是爸爸教的沒錯，老師沒弄清楚誤會你了，真的很抱歉！不過，我們還是要把答案改過來，正確答案要寫在格子裡，才不會寫對了卻被扣分數。」那孩子的表情一下子開心了起來，告訴我：「老師，沒關係。」

我們常用自己的想法去定義孩子的對錯，雖然我從頭到尾沒有怪罪他、沒有罵他，但是很慶幸自己有去查證，並且有好好跟他道歉，沒有讓這孩子蒙受被誤會的委屈，或者讓他覺得老師以為他說謊。這種被誤會的感覺我很清楚，可能會放在心裡一輩子。

曾經有個畢業十年的孩子告訴我：「老師面對這麼多孩子，經過那麼多年，當然會忘記跟每個孩子說過的話。但是老師的每個動作、每個表情、說的每句話，老師會忘記，卻總有一個孩子記得，記得清清楚楚。」

當時聽到他說的這段話讓我很震撼。**有時我們不經意的一場脾氣、說的一句氣話、一個不經大腦的表情、一場沒有查證的誤會，竟然都會讓孩子記著、傷著、恨著。**

這段話讓我引以為戒，面對每個孩子都必須謹慎小心。**我不願任何一個孩子從我手上畢業後十年，想起我時卻流著傷心的眼淚。**

如果有一張好老師的畢業證書，在我結束教職的那一天，我有沒有資格拿到？我有沒有把我的學分修滿？能不能從孩子的手上領到這張畢業證書呢？這應該是最難的一堂課吧！

07 給孩子自己專屬的一把尺

孩子回家寫了功課交來，跟在學校寫的字體差很多。我把她找來，問她作業的規定是什麼。她說：「要寫在格子裡，要寫整齊……」可是，為什麼回家就忘記了？

我要她在我旁邊擦掉重寫。沒一會兒，重寫的作業讓人訝異的整齊！我在她重寫的作業上給了一個大大的甲上，讓她下一次的功課可以少寫一行。

我跟她說：「你看！你能寫得又快又好。可以做到的事，為什麼要隨便？我看你以後作業都在老師旁邊寫好了！你一定很愛我，很喜歡在我旁邊寫功課吼？認真寫整齊，得到甲上，下一次就能少寫一行功課，但是亂寫一通，就要到我身邊來擦掉重寫，這樣是不是多寫了一遍？」

她的數學作業都是資源班老師出的，我要她拿給我看，整張學習單算式亂七八糟，亂加亂乘亂算一通，八題全錯。因為她的數學課不是我教的，我並不清楚她的程度，但是那亂七八糟的算式實在讓人看不下去。

我告訴她數字要對齊、線要畫直，要她全部擦掉重寫一遍。她在我旁邊寫，即使是「十減九」都要用手指慢慢一個一個數，但是都能算對。我只偶爾給一點提示，其他都讓她自己完成，寫得正確又整齊，八題全對了！

她不是不會，而是不知道自己能寫對、寫好。**測試和觀察孩子的能力後，給予適當的要求，孩子就能有顯著的進步。**

我告訴她：「以後資源班的數學作業也都要拿來給我看，再這樣亂寫一通，老師就每天陪你寫功課。」她苦笑著搖搖頭，說她會自己寫整齊。

很多時候是孩子以為自己做不到。「我就是會錯，我就是不會，反正亂寫也不會怎樣！」但是對她有要求、有期待，陪她一起完成，就能做得很好。

給一點點的壓力和規定，讓她想辦法做到該有的程度，而不要因為成績差就放生她。這孩子原本回家都不寫功課，現在會寫了，這是多大的進步。

給孩子適當的要求、可以做到的規定，讓孩子知道自己可以做到，再給予大量的鼓勵和讚美，是件非常重要的事。低成就的孩子生活中沒有成就感，就會自我放棄，連能做的事都不願意好好做。

她的資源班老師真的很棒，常常來跟我討論孩子的狀況，替孩子設計獎勵卡，想盡各種辦法要改變她的態度和行為。孩子和資源班老師比較親近，會跟老師談心，如果遇到需要我幫忙的部分，老師就會來跟我討論，我也能知道孩子遇到的問題。有時老師也會來提醒我她有些微的改變，我就能在班上再獎勵她一次，給予加倍的正增強。

我們一個當白臉，一個當黑臉，獎勵和要求並進，一起為這孩子的問題解套。看到她的改變和進步，我們都好開心。有能夠一起為孩子努力的戰友，真的是工作上最大的幸福。

如果我們不要那麼重視成績，就能為每個孩子一點點的改變雀躍。給每個孩子自己專屬的一把尺，讓他們跟自己比較，就能夠清楚發現孩子一點一滴的進步。

08 能做的好像很少，卻也很多

開學時的班親會，我在會議中向家長請託：作業可以只看看有沒有寫就好，千萬不要給孩子正確答案。如果家長和安親班可以一題一題教就沒關係，但拜託家長和安親班老師不要替孩子對答案。我認為孩子自己寫錯後的訂正工作很重要，如果交來的回家功課正確無誤，那我就不知道這孩子哪個部分不會，哪個地方需要幫助。

很可惜，孩子們每天交來的數學功課幾乎都全對，改作業變成多餘的事，只需要打勾就好，但是我相信事實一定不是這樣。

為了改善這個問題，在課堂上只要講解一個公式或觀念，我就會給孩子們題目練習。寫完後不是只對答案，而是一個一個請他們拿過來當面批改，這樣才能發現孩子們算式中的錯誤，也能看出哪些孩子聽不懂。

一堂課下來，有時得寫二十幾題練習題。剛開始孩子們唉唉叫，有時我會獎勵，寫完訂正完的人我打上OK就能得到餅乾；有時跟他們開玩笑說寫錯一題老師要親一下。哇！小孩在我面前全對時都歡呼起來。是有這麼開心嗎？有賞有罰之下，孩子們非常專注，完成的速度越來越快，正確率也提高了。

這些練習題沒有分數，只有對錯。錯了訂正就好，要把題目寫完、訂正完，才能做自己喜歡做的事，這樣能逼著孩子有不會的地方來問我。程度好的孩子很快過關，我也讓他們在等待同學的同時，當小老師幫忙其他同學，或是可以閱讀喜歡的課外書。

這樣一來，我就能清楚發現有些孩子回家作業總正確無誤，但是課堂上的數學題都寫得很慢、錯誤百出，表示這幾個孩子需要額外的幫忙。

我請他們在學校完成數學作業，因為人數不多，我就能精準掌握他們的程度，針對算式中的錯誤提醒和糾正他們的觀念。這樣的方法對於家裡沒有人可以盯功課的孩子有很大的幫助。

自己動手寫，發現問題，自己訂正，這樣的作業才有意義。在我面前寫，孩子的專注力大增，原本在家裡和安親班要寫上一、兩小時的數學作業，在教室裡可能三十分鐘就完成了。

數學能力需要時間和練習來累積。一個學期大量練習的努力下，孩子們不僅計算速度加快，正確率也提高了。

這樣的方法當然很累，我的下課、午休時間都沒機會休息，但是我不願意當個只打勾的老師。面對一個班級二十幾個學生，想要照顧到每個孩子，我們能做的好像很少，卻也很多。

09 把孩子心裡缺的補上

這些年來，我遇過很多會說謊和偷竊的孩子。我發現，孩子會有這樣的行為，有些是因為心裡有某個部分沒有被滿足，藉由偷竊的過程和結果來滿足內在缺憾。

在我遇過的案例裡，有的是因為媽媽生了弟弟或妹妹忽略了孩子，或者在課業上成績低落、人際關係差，所以用說謊偷竊來引起注意；另外也有因為媽媽從小就討厭她，缺乏母愛的內心從偷竊中得到滿足，又因為只要偷東西就被打，所以她說謊技術高超。還有一個孩子是家裡管得很嚴，所有東西都嚴格管制，沒有零用錢可以支配，這樣的孩子滿滿的心裡欲望需要用偷竊來滿足，用說謊來避罰。

剛開始面對這樣的孩子，我曾經試圖用處罰、怒吼或威脅來解決，但是效果很差。我開始想著：「孩子缺乏的是什麼？需要補足的又是什麼？」

到我班上的孩子都已經十一歲了，如果她之前十一年都這樣過，打罵沒有停過，說謊已經成精，那麼我的怒吼有用嗎？當然無效。

有個孩子在中年級時常常偷東西，偷到老師要其他同學把所有文具都收起來，不要靠近她，不要借她東西。只要她媽媽到學校，就會有很多同學一擁而上向媽媽告狀：「她拿了我的東西！」「她跟我借東西沒有還！」媽媽會怒吼後賞她一巴掌，用誇張的方式當眾打她、罵她。

到了我班上以後，如果我用處罰的方式來處理她的偷竊問題，程度就必須比媽媽的力道還強，但不能體罰，我應該做些什麼？

我開始要求她完成作業，每天盯著她把可以完成的部分寫完，只要寫完就大大的獎勵她。我提供資源班很多文具，讓她在有好表現時可以拿點數兌換。我給她很多服務班上的機會，像是領包裹、去辦公室拿通知單、去球隊請同學回教室……只要我徵詢小幫手時，她有舉手，我就請她去幫忙。她愛漂亮，我替她擦指甲油，給她漂亮的二手衣鞋。

要改變一個孩子，不可能只靠一個老師的努力，而是要整個環境的配合。我不斷教育班上的孩子要給她重生的機會，要一起幫忙她而不是排斥她，替她找朋友，讓友善的孩子坐她旁邊，跟孩子們約定每個人每天跟她說一句話……

那半年我花了很多心思去增強她的自我認知，讓她知道自己有能力、被需要、把事情做好時老師是看得見的。輔導老師花很多時間在她身上進行輔導，讓她跟心理師談話，頻繁的跟媽媽溝通，讓媽媽改變對她的教養方式。資源班老師也都想盡辦法替她找加強好行為的方式。

然而，在我們都覺得做很多的時候，她又偷了東西，這讓我非常挫敗和生氣。可是輔導老師告訴我：「你不覺得她已經跟以前很不一樣了嗎？她進步很多了……如果家庭沒有改變，我們卻讓她降低了頻率，她也能努力克制自己想偷東西的欲望，或者說是我們對她的愛已經能夠補足部分缺憾，沒有讓她繼續被排擠，讓她開始帶著笑容，是不是就值得開心了呢？」

五上的時候她偷了五次，五下整個學期她只偷了一次，到了六年級就再也沒偷過了。除了改掉偷竊的習慣，她的作業和成績也進步很多。

如果孩子有相同的狀況，先不要想該怎樣讓他改掉壞習慣，應該先努力找出問題，把孩子心裡缺的、需要的、該補的補上。幫孩子找到可以完成的工作，完成後給予大量的關懷和讚美，孩子會慢慢改變的。千萬別因為孩子這個行為就討厭他，覺得他沒救了。其實孩子都能從我們對待他的方式感受到我們的想法，當我們厭惡他的時候，他只能自我放棄。

所有的努力都不會白費。要改變一個孩子真的非常困難，也很耗費老師心力，但是看到孩子在自己手上有所轉變，真的比得到任何獎還令人雀躍。

10 冷漠和放任，與霸凌同罪

高年級最讓人頭痛的就是感情問題。上了高年級後，女生通常比較早熟，會有喜歡的人是正常的，但是如何處理情竇初開這件事，是門很大的學問。

一開始知道那孩子喜歡球隊的學長，是因為常常有六年級的學姐下來找她，有時站在窗邊看著她，有時把她叫出去講話。

我問她學姐們來做什麼？她說：「沒有，就問我是不是×××。」有一次學姐們又來了，不懷好意的在窗邊看她，我走過去問她們有什麼事，學姐們看到我靠近就一哄而散。

我刻意注意她和其他人的互動，發現常常有人對著她開玩笑，只見她氣呼呼的紅著眼眶趴在桌上。我把事情問清楚，才知道她喜歡學長的事，因為太公開、太直接，幾乎整個五、六年級都知道了。尤其是球隊的男生，每次看到她就要酸幾句，講的話越來越離譜，一群人遠遠的看到她就開始用不堪入耳的話羞辱她。

我問我們班上球隊的孩子：「聽到學長們這樣說的時候，你們有什麼反應？」他們竟然是跟著笑、鬧，有時回到班上也會酸她。

我發了好大一場脾氣，嚴肅的跟全班孩子說：「當班上有一個同學被欺負時，我們都應該站出來為她說話，要保護自己的同學。結果大家不是幫忙保護她，沒有去阻止這樣的霸凌行為，甚至跟著別人欺負她，真的很不應該。當你們有喜歡的人時，也希望自己被這樣羞辱嗎？」

我把那些帶頭羞辱她的學長一個一個找來，問他們：「我這個學生有沒有惹到你們？」學長說沒有。

我告訴學長：「喜歡一個人是很正常的事，她喜歡誰有影響到你們嗎？沒有！那干你什麼事？如果不關你的事，可以請你不要再嘴她、羞辱她了嗎？再有這樣的狀況，我可以再找你聊一聊嗎？」學長答應後，我跟他說聲謝謝。

我也教育我班上的孩子，告訴他們：「長大了，會有喜歡的人很正常。老師在國小、國中也收過好多情書（趁機炫耀），可是表達的方法很重要，當你公開表示喜歡誰，我們就沒辦法管住別人的嘴巴，沒辦法管別人怎麼想。現在我們學校人少，學生單純善良，我還可以一個一個找來聊，請他們停止這些行為，但是上了國中怎麼辦？尤其是你們喜歡的人如果非常受歡迎，一定也有很多人喜歡，有可能其他人就會覺得你是情敵。」

我接著說：「我們喜歡一個人，也要顧慮到對方的感受，太直接太公開，會讓他覺得很尷尬。他的同學一直開他玩笑，也會讓他覺得困擾。你讓他這麼困擾，他會喜歡你嗎？喜歡一個人不需要讓全世界都知道，要懂得保護自己，也要尊重對方。」

平靜了一陣子，後來孩子又告訴我有別班同學當眾羞辱她，但是上次被我找來聊的學長告訴這同學：「你不可以這樣說她，沈老師會找你。」我們班上的孩子也告訴他：「你不可以這樣對她，我們老師說這樣的行為是不對的。」但那同學不以為意，還是繼續用很難聽的話罵她。

找個時間走到那位同學的教室，把他請了出來。我問他：「你跟她有沒有仇？沒有的話，為什麼要這樣羞辱她？」他說：「因為她一直到處講她喜歡×××。」我說：「這件事跟你有關係嗎？如果沒有，那你可以不要再嘴她了嗎？她喜歡誰沒有影響到你，但是你說的話傷害她了。」

我又找了女孩談話。我告訴她：「你看，只是很單純的喜歡一個人，你這麼明顯的公開，是不是沒辦法控制別人的行為和想法？你一定要學會保護自己。這樣的狀況，之後上國中會更嚴重。現在還只是幾個同學，如果你是寫在網路上被人攻擊，那才會一發不可收拾，真的要很小心的處理自己的感情哪……」

我也把我們班那個仗義執言的男孩子找來，謝謝他在女孩被嘴的時候制止那個同學。我告訴班上的孩子：「就是要這樣保護同學，在別人欺負班上任何人，我們都要去制止他。如果制止不了，就來告訴我，我一定讓他停止。」

真的應該要有一門課告訴孩子如何處理這些正在長大的事，告訴他們要怎麼去處理自己喜歡別人、被喜歡；用什麼樣的方式表達喜歡才不會被傷害；表達自己的情感時，被拿來當笑話該怎麼辦，還要教育孩子，面對別人的情感都應該給予尊重。

霸凌和被霸凌的孩子都該教育。讓孩子學會互相尊重，學會保護自己，學會在受到傷害時求救，才是避免霸凌發生的最好方法。

沒有停止不了的霸凌，而冷漠和放任，與霸凌同罪。

11 標籤，一直都在

我一直在思考「標籤」的意義。

在我家妹妹入學時，很擔心她因為讀寫障礙而拿中度智能障礙的類別被公開，會被同學嘲笑，會被同事竊語，於是我拜託同事在公開的表格上不要直接寫上類別，寫代號和中度就好。這樣的結果，卻是讓體育老師只看到她的中度障礙手冊，看不到她能跑、能跳、能自由活動，也因為手冊讓她只能在旁邊觀看上課，不能參與課程活動長達三個月。

當標籤不夠清楚、當標籤的貼法不對、當看待標籤的人想法錯誤時，造成的傷害豈是我們能夠承受的？

不得已之下，我在教師朝會上對著五十幾位同事宣告：「我的女兒有中度身心障礙手冊，她的學習能力非常差，成績也一定很差，但是她很努力，也很辛苦。法律賦予她和其他孩子一樣的就學權，沒有任何人，能用任何理由，剝奪她的就學權。」

既然要貼標籤，我們就貼大張一點，貼清楚一點。那是一次痛苦的過程，要在那麼多同事面前，這樣清楚的在我自己和孩子身上貼標籤。

重點，其實不是標籤，是看標籤的那個人。

在一個班級裡面，有些孩子需要服藥，有些孩子成績很差，有些孩子行動不便，有些孩子每節課都被老師提醒，有些孩子家貧需要協助，有些孩子就像我家女兒一樣怎麼也學不會……我們不說，孩子們也看得清清楚楚；不說清楚，同學之間的猜測、排擠、厭惡、口耳相傳最恐怖。

標籤，一直都在。既然要一起相處兩年，很多事情閃躲不了，就該用正確的態度把話講清楚。都是同班的兄弟和姐妹，沒有什麼不能說的。可是說的態度、面對這孩子的態度真的很重要，尤其是老師主導的風向球，該怎樣引導其他孩子們去面對別人的不同，是重要的關鍵。

如何讓同學們同理處境特殊或身心特殊的孩子呢？在課堂上，我常常說故事給孩子們聽，找許多特教影片讓孩子們了解。我們體驗過跟自閉的孩子一樣用力甩手大叫，我讓孩子們回想躺在病床上生病的感受，我們思考無法控制自己情緒的暴躁，我們嘗試過身體不便的痛苦，我常常用日常生活中的狀況做機會教育。要用很多方法，才能讓這群豐衣足食、無憂無慮、身體健康的孩子們，稍稍了解他人的不便和痛苦。

最重要的，是老師本身要能接受孩子的不同，思考如何讓孩子融入課程，想辦法幫助孩子。只有這樣，整個班級才有可能去接納這個特殊的孩子。

在我女兒身上的標籤，從出生就緊緊貼在她身上，這讓身邊的人對她有了多一點包容，提供她努力向前的一些資源，也提醒了我們陪她用緩慢的速度前進，強迫我用不同的角度去欣賞她。

遇到不懂標籤的人，用力讓他懂；遇到說她下愚的人，用力讓他知道錯；遇到不懂對待她的人，想辦法讓他知道方法；遇到惡意傷害她的人，用力反擊，絕不軟弱。

12 園遊會的意義

其實我一點也不喜歡園遊會。歷經十次的園遊會，只有疲累兩個字能形容，從事前準備、籌劃、工作分配、採購，到當天的販售、事後收拾……我都不知道為什麼要這麼忙碌。

我不習慣把事情交給家長，一直覺得學校的事就是我和孩子們的事。只要家長沒有主動說要幫忙，我不太會用學校的事去打擾家長。但一手包辦的結果，就是我從來不知道別班賣什麼。每一次的園遊會我都沒有機會踏出教室，全程沒有坐下來過，有時連中餐都忙到沒時間吃。

園遊會也有個亂象，因為必須用點券購買，當天孩子們拿著預購的點券，東西好像不用錢似的隨便買、隨便吃、隨便丟。園遊會時，垃圾桶裡常看到吃一口的油飯、喝一口的飲料，浪費到不行，最後結束時，還有孩子手上剩下些點券，竟然跟我說：「這個我不用了，送你！」小孩，那也是用錢買的呀！

平時我們告訴孩子不營養、不健康、添加物很多的東西，在這天銷售量最好，那一班賺的錢可能是其他班的數倍。在園遊會快結束時，為了要把所有東西賣完，很多孩子會到教室外面叫賣，一個飯糰五元，一盒涼麵十元……園遊會到底是為了賺錢，還是要給孩子什麼教育意義？

我很想讓孩子們深刻的參與園遊會，也想讓他們從中得到一點點教育意義。為了讓他們全程參與，我一直想著該做什麼才好？

我決定帶孩子們手作，花了一堂課的時間告訴他們成本的概念。這次所有餅乾和鳳梨酥的材料和包裝都由我贊助，他們只要負責製作，我把所有成本算給他們聽，告訴他們不是免費，而是老師付了錢。我請大家一起算算看，如果我們是老闆，要負擔這些成本時，一包賣多少才會有人買？才不會虧本？賣不完的時候該怎麼辦？賺到的錢要拿去做什麼？

我告訴孩子們，十五片餅乾賣三十元，一個鳳梨酥賣二十元，事實上是不夠成本的，但是為了配合消費群，只好訂這樣的價錢。賣不完、賣不出去的時候，不需要便宜出售，我寧可讓孩子們帶回去給家人享用。賣得的錢，我們要拿去買社團法人臺灣自閉兒家庭關懷協會賣的台東一等米，一人一包，賣不夠的錢老師贊助！

搬了一台三十公斤的烤箱和烤盤，帶了一百個鳳梨酥模、兩個秤到教室。帶著孩子們做餅乾、做鳳梨酥，做完以後分著吃掉，讓他們知道自己要賣的是什麼，評估一下賣這兩樣東西會不會有人買。

第一次碰觸麵團，有些人唉唉叫說黏手，有些人說好玩，也有孩子把捨不得吃的鳳梨酥帶回家跟父母分享。

有了第一次成功的經驗，我再帶了將近十公斤的麵團和內餡，分組進行製作，男生負責包裝餅乾，女生分兩組做鳳梨酥。上一次他們一個人做兩個，還覺得很有趣，但是六個人要做一百個，這下就不好玩了。秤重的總是來不及，負責包餡的因為天氣熱，還遇到麵團溼黏很難操作等狀況，而且不是包好就好，還要顧爐烘烤。我們只有一個烤箱，分了五盤烤，要烤到天荒地老。

一整天下來像打仗一樣，製作的過程中，我們學校還辦了賽跑，他們在烈日下跑完再回來繼續完成。我必須輪流巡視指導他們的做法，陪他們去賽跑，還要一邊顧爐，一邊改三疊作業，排解在製作時擺不平的紛爭，吼了一個一直抱怨卻勸不聽的孩子……

還好我們班的孩子真的很乖。一結束就有人主動收桌子，有人拿著鳳梨酥模一個個洗得乾乾淨淨，還有人拿著掃把將地板掃乾淨。等到鳳梨酥涼了，全部的孩子一起包裝、裝盒，終於把星期六要賣的東西都準備好了。

孩子們要回家時，我看到那個在忙碌中被我吼的孩子低著頭。

我蹲在他面前，問他：「老師為什麼罵你？」

孩子說：「因為我一直抱怨，因為他們就……」

我說：「今天很熱、很忙對不對？大家都心浮氣躁。可是你想想，每個人是不是都應該跟你有一樣的感覺？大家都覺得煩，可是他們都怎麼處理呢？有沒有人跟你一樣一直抱怨、一直大吼？老師提醒你很多次不要再大叫，可是你都沒有顧慮到我們的感受，是不是也把身邊的人都惹火了？你被我吼的時候，心情有沒有很糟？下次很煩的時候，忍一下好不好？你今天幫了很多忙，超棒的！吃一口鳳梨酥，不要難過了好嗎？」

不想讓孩子帶著壞情緒離開，跟他說一說，終於讓他破涕為笑。看到他帶著笑容離開，這一整天也有了完美的結束。

13 看見每個孩子的需要

帶著孩子看了一部西班牙的動畫《小繩子》。看完以後我問孩子們：「如果讓你選，你會選擇當瑪麗亞，還是小男孩？」這是個蠢問題，因為沒有人會選小男孩。

事實上，沒有人有選擇。很多特殊生生下來就注定了一輩子的命運。

如果要我選，我也希望我的孩子聰明伶俐，也希望她能看懂文字，甚至可以寫出流暢通順的文章。我多麼不希望她跟別人不一樣，多麼希望她不需要從小復健，不需要接受特教服務，不需要老師特別的照顧，不要比別人多用醫療資源，多麼希望她不用三個月就回診一次，不想面對幾年就一次的聯合評估，不想參加學校的IEP會議，不想跟任何人討論她的障礙和手冊，不想簽那總是慘不忍睹的考卷。如果她每一堂課都能在教室跟大家一起上，多好！

但是，我沒有選擇，我也沒有放棄，我是盡了全力，而不是不盡力。

期末要交很多受獎名單，三個成績優異獎，五個進步獎，一個熱心服務獎。成績優異獎不太需要考慮，電腦跑出來名單就確定了，但是進步獎如何產生呢？這是我帶這個班的第一個學期，沒有上學期可以比較，於是我請全班的孩子想一想，從中年級到現在，各方面誰的進步最多？

沒想到第一個被推薦的，就是讓我擦指甲油的女孩。被提名後，大家開始說著她的進步：「她以前都不交功課，現在有交了。」「她上課的時候很認真。」「她的身上沒有怪味道了。」「她的衣服現在變乾淨了。」「她說的話我們比較聽得懂了。」「她的壞習慣少很多。」「她聽到有包裹的時候都會主動說要去幫忙。」

我平常努力對她友善，每天找她來我旁邊完成作業，每天提醒她要洗澡、要注意衣著，不斷告訴孩子們她盡力了、她需要幫助、分組的時候不要忘了她、不可以給她臉色看、她的過動讓她沒辦法專注，功課得花其他孩子三倍時間來完成，我們都要想想辦法讓她完成作業，而不是指責她沒有寫功課……這些孩子們都感受到了。他們不只是接納她、幫助她，還發現了她的進步。

我把她找來，恭喜她得到進步獎。我告訴她：「你看，你的進步大家都看到了，大家都這麼喜歡你，你千萬不要再做不該做的事，要讓大家信任你。老師送你這盒指甲油，裡面還有一支筆可以畫畫呢。這種指甲油不需要去光水，直接就可以撕掉了。」喜愛畫畫的這孩子，一整天抱著這個禮物不放。

公平，是看見每個孩子的需要，讓每個孩子得到需要的照顧，讓每個孩子在她的能力範圍裡得到成就。

別站在高處去批判隨時處於溺水狀態的人。我們只看到醜陋的疤痕，卻沒辦法體會傷口一再裂開的痛楚。

融合教育不是嘴巴說說而已，是應該落實在生活中，盡力讓環境友善。一個班級裡面有好幾個特殊生，光靠老師真的不夠，需要整個班級一起來協助特殊生。孩子們的接受度和能力，其實超乎我們的想像。

14 花點心思和時間，讓孩子融入班級

很多年前，我新接一個班。剛開學的時候，他主動跟我說：「我的腳這樣，應該不能上體育課。」

因為生病的關係，他有一隻腳腫脹成兩倍大，走路有些微不便。在中年級的時候，他功課常常沒寫完，中年級老師規定他要寫完才能去上體育課。整整兩年，他都把功課留在體育課時請助理員陪他寫。

我觀察了兩天，他的腳雖然因為生病造成外觀上的不同，動作也受到影響，但是不會影響行動。可是他很明顯的和同學沒有互動，下課也孤單一個人在教室。

下課時我把他找來，問他要不要去上體育課？他搖搖頭。我說：「我發現你走路跑步都很好呀，為什麼不用去上課？這是安排好的課，不能說不上就不上……你先上一個禮拜，我們再來討論這件事。」

一個禮拜後，我沒有找他回來討論。我光是看到他每次上完體育課滿頭大汗、笑容滿面的樣子，就知道他喜歡。

他中年級時，常常跟同學說他發現哪裡有鬼、在哪棵樹下挖到骨頭，同學就會一窩蜂趕去他指定的地方，弄到大家對他說的話存疑，又有點害怕。

上了高年級，有次也來跟我分享挖到的骨頭，說他在哪裡看到鬼。我跟他說：「這世界上有沒有鬼我不清楚，但是如果我們是好人就不用怕，也不需要去找。而且，神老師這麼兇，鬼敢來嗎？（他猛搖頭……神老師真的這麼兇嗎？）至於樹下的骨頭，有可能是小狗埋的，你不可以再去挖樹下，不然小狗到時候會找不到牠藏的骨頭！」

趁著他去做化療時，我問其他孩子：「如果他不說鬼故事，你們會一大群人跟著他一起去看骨頭嗎？因為他很希望你們大家喜歡他，很希望有朋友注意聽他說話，所以他會說些鬼故事讓你們跟著他。你們看，這學期大家對他這麼好，他還有常常說鬼故事嗎？」

我對孩子們說：「大家對一個人排斥，並不會讓這個人變好，反而會讓他對自己失望。他會想盡辦法讓大家生氣，說些奇怪的故事，這樣你們才會注意到他，才會聽他說話。如果大家對他好，他會希望有更多朋友，為了把朋友留在身邊，他就會變得更好……

「老師要謝謝你們把他變成一個可愛的乖小孩。每一節下課，我看到他跟大家一起玩得滿身大汗、滿臉笑容、和同學們一起走進教室，我覺得很開心……他從不寫功課，到現在所有功課都能準時完成，從大家不喜歡的人，變成一個很棒的孩子，還會主動去關心另一個生病的孩子，每節上課陪他去科任教室，每天放學陪著他一起等媽媽來接。

「在接受愛的同時，他也給了同學滿滿的愛和關懷。這些都是你們大家的功勞！老師非常感謝你們！」

看到皮孩子的皮行為，我們當然會生氣，但是可以靜下來，幫孩子想想連

他們都不清楚的原因，把不得不調皮的背後原因找出來，觀察他為何努力被大家看見那些不妥的行為。雖然得花一點時間，但是，做一次就能一勞永逸。

我記得那一年，楊校長特地來告訴我，他在上學時間站在路口看到這孩子笑容滿面，孩子還主動跟他打招呼，和之前陰森抑鬱的樣子完全不一樣了！

花一點點的心思和時間，就能讓孩子融入班級，就能讓孩子笑容滿面，這真是很值得的投資。

15 老師做的蛋糕

其實也不是每個孩子都稀罕我的蛋糕。有些孩子家境超好，平時昂貴又精緻的甜點隨手可得，我做的蛋糕，孩子怎麼會看得上眼？

有一次送了生日蛋糕給孩子，隔天她專程來告訴我：「我媽媽說紅葉的比較好吃，你做的比較不香……」其實我沒有生氣，也沒有失望，但是我告訴孩子：「我的蛋糕是專程為你做的呀，有滿滿的心意，外面的蛋糕買不到唷！老師要上班，想著你們這個月生日，凌晨特地起來做的。你這樣說會讓我傷心啊！如果你說聲謝謝，我會覺得我的努力是值得的。」

我做蛋糕是為了班上幾個家裡沒辦法幫他們過生日的孩子，希望讓他們帶條蛋糕回去跟家人一起慶生，但是又不能只做那幾個孩子的，所以每個月都會做蛋糕送給當月生日的所有學生。

清楚自己行為的目的，就不會因為一、兩個孩子不懂感恩或說話太直接而感到難過，甚至不再繼續做。我知道，有些孩子要吃一塊蛋糕是多麼困難。

期末的時候，社會老師請孩子們先不要回收課本，因為他們整學期累積的點數還來不及兌換獎品。孩子們在我面前七嘴八舌的說：「反正獎品也不會太好，乾脆不要換了！」「老師都嘛送鉛筆或橡皮擦，我根本不想拿……」

聽到孩子們這樣說，我告訴他們：「一個社會老師要教好幾班，你們想想看有多少學生要換獎品？這些獎品都是老師自掏腰包買來的，她很有心想鼓勵認真努力的同學。你們應該看到老師的用心，而不是嫌棄獎品不夠好。」

現在的孩子物質生活富裕，所有的東西得來都太容易，眼中只看到獎品相對的金額，卻沒想到老師們為孩子準備獎品和蛋糕的心意。

我們都別養出只會接受不會感受的孩子。習慣批評的孩子，不懂得感恩，我們千萬別讓孩子去否定老師的用心。

沒有方法可以獎勵的孩子，老師真的使不上力呀！

16 替孩子內建保護程式

在孩子們的聊天中，無意間發現那男孩多了很多他的家庭沒辦法給的東西，而且頻繁的到姐姐同學家過夜。找那孩子來談，一點一點試探後才發現，姐姐同學家的大哥哥會用電腦、麥當勞來卸除孩子的防備心，他跟大哥哥一起睡覺、一起洗澡，甚至有更親密的動作。我通報之後，接到了無止境的恐嚇電話，大哥哥的父母輪番打電話來，叫我不要汙衊他們已經三十幾歲天真又善良的兒子。

曾經帶過一個女孩，她一看到我就哭，告訴我說媽媽的男朋友對她做了很恐怖的事。我跟媽媽說的時候，媽媽怒斥那孩子，說孩子在說謊，男朋友最愛的是她，不會引誘她的女兒。

有個孩子說，她不想跟爸爸玩壓制的遊戲，但是她爸爸樂此不疲，還會上下其手，讓她很不舒服……

還曾經帶過一個小三的孩子，她被就讀高中的表哥強暴；一個小六的哥哥闖進小五妹妹正在洗澡的浴室；甚至有個單親爸爸將他兒子的裸照寄給我……

這些事都讓我覺得不可思議，卻像在看八點檔連續劇一樣，活生生的在我眼前上演。我無法理解這麼小的孩子竟然會受到這樣的傷害。

我總是立即通報上級，阻止惡行，甚至讓那些無恥惡徒得到法律的制裁，接下來則是無止境的輔導和教育。但是，這些事後的所有動作，對孩子來說都來不及，那些傷害永遠存在孩子們的心裡。

有人問我性教育重不重要？到底性教育能做什麼？我們能夠讓孩子懂得侵犯他人是不對的，也能讓他們知道哪些行為、哪些接觸就是侵犯。孩子要有警覺心，懂得求救，懂得拒絕，不要讓孩子平時承受侵擾，或更嚴重的事情發生後，才知道原來這樣叫作性侵。

也有人說性教育不該在學校教，應該父母自己教。但是，國小、國中生發生的性侵案中，有很多根本是親人所為。有些父母自己都沒有性教育的概念，但身為老師，我們要教育、要保護的不是只有自己的孩子，而是所有孩子，尤其那些家庭功能不彰的孩子，可能從小受到侵犯，長大了才懂得憤怒和求救。如果真的阻止不了孩子們發生性行為，那能不能讓他們有足夠的知識來保護自己不要懷孕、不要得到性病？

我從來不避諱任何問題，只要孩子提問，只要孩子能看見的、新聞上吵得沸沸揚揚的案件，我都直接跟孩子討論。要了解自己的身體，知道別人會想什麼、做什麼，孩子才能懂得保護自己。

這就是真實的世界。我們不知道壞人是誰，不知道惡行什麼時候會發生。遇過這麼多的遺憾，我不想再看見孩子們的眼淚和難以回復的傷痛。

用開放的方式和孩子對話，讓他們知道我們大人是可以談的，我們永遠會保護他們。對孩子們的表情、情緒、家庭背景、交友狀況瞭如指掌，就能在孩子有狀況時，及時出手相救。

我不是勇敢，只是看太多；我不是愛教性教育，而是只有教育才能讓孩子懂得保護自己。

不應該用單一個案的斷章取義、刻意抹黑來否定老師的努力，也不能用任何特例、偏頗的角度來汙衊所有在第一線的老師。我捍衛自己專業的教師自主權，也希望更多人了解基層教師的用心，並一起為孩子努力。

17 我們是孩子的運

任教二十一年，帶導師九屆，我遇過各式各樣的家長。

剛畢業那幾年，對於弱勢孩子的父母有很多埋怨和不滿，心想他們為什麼可以這樣擺爛？為什麼可以這樣生活不求改善？為什麼讓孩子過這種日子？

個性急躁的我常常會受不了，想試圖去改變幾個家庭，尤其是沒有功能的家庭。我一直以為只要我盡力、給很多資源、替他們建立些觀念，然後父母的功能就會出來，孩子就能被好好對待。我是拚了命的往家裡跑，幫孩子找資源找補助，捨不得孩子過這樣的生活。

很多時候我們會覺得自己做了很多、很有想法，但是面對三、四十歲的父母，我們能改變他們的機率有多少？他們幾十年養成的習慣和觀念，有可能因為我介入幾個月、給些資源就改變嗎？那些已經病了幾十年都沒有好好工作的父母，能夠因為我的提醒就有能力去工作嗎？那些沒有能力的父母是由多少因素塑造出來的？而一個家庭會窮困，又有多少我們無法理解的無奈？

我花了很多年才參透，一個老師想要去改變這些，幾乎是不可能的。

曾經有個孩子，家境看似正常，但是每天穿著過大的破鞋上學。我問那孩子：「家裡沒有其他鞋子嗎？能不能請媽媽幫你買一雙？」

孩子面露難色的說：「家裡的都太小了，這雙鞋還能穿，沒關係。」

我跟他媽媽提到這件事，媽媽說：「家裡還有鞋，他就是喜歡穿那雙。」

我也只好尊重她的說法。但是觀察了一陣子，孩子常常沒有早餐吃，臉色蒼白，說話畏畏縮縮。我實在忍不住，叫那孩子來領一雙鞋，結果那孩子超開心的，雖然他把破鞋也拎回家，但每天穿著我給他的那雙鞋。

十二月的基隆很冷，那孩子總是衣衫單薄的穿著短袖T恤，發著抖跟我說不冷。我想起前一年冬天，他也總是穿著過小的外套。

我問他：「是不是家裡的外套都太小了？」他點點頭。我翻了箱子裡的衣服，給他一件外套，那個說不冷的孩子立刻穿起來，將拉鍊拉到最高……

另一個孩子視力檢查〇．一，總是瞇著眼睛看不到黑板，穿著開口笑的鞋子。我們看到他媽媽拿著幾千元的新手機，卻說沒錢帶孩子去配眼鏡、買鞋子。老師們說一定要逼著這個媽媽帶孩子去配眼鏡，覺得他們有能力，堅持要等媽媽覺醒。但是，孩子的眼睛不能等，孩子的臭鞋會影響他的人際關係。當家長沒有這樣的意識和常識、沒有能力改善生活狀態、所有的考量裡沒有孩子時，我們要放任孩子看不見嗎？

難道因為父母的失職和無能，就該懲罰這些努力求生的孩子嗎？我不想給失職的父母過多資源，只想解決孩子的問題，給予他們最基本的需求。

有很多被忽略的孩子用卑微的方式生活著，可能是向忙碌或無能或自私的家長求助無門後，就習慣用僅有的物資努力活著。他們認為自己沒有機會和選擇。沒辦法深入了解他們家庭狀況的我們，往往會誤以為這是孩子的選擇，認為他既然說不需要，或是他的父母拒絕接受幫忙，就沒有辦法了。

我無法等待擺爛一輩子的父母覺醒，無法等待沒有能力的父母發憤圖強，也有可能是生病的家長好不起來，沒有能力改善家長的觀念和環境。用什麼方式教育、養育孩子，孩子長大後，就會用同樣的方式還給父母。這些家長的失職，總有一天會得到他應有的回饋。

我遇過成百上千的孩子，被訓練到忽視父母的態度、略過無能的家長、放棄我改善不了的問題，我只是想給孩子乾淨的鞋子和衣服，讓他們穿著保暖舒適來上學，讓他們能戴上眼鏡看清楚黑板的字，讓孩子至少不會餓肚子。我們能教育的是眼前這個辛苦的孩子，讓他能好好讀書，培養自己的能力，保持乾淨，想辦法解決問題……

孩子無法選擇父母、環境，無法抗衡他與生俱來的命，但是我們是孩子的運。透過我們這些過客的努力，讓孩子擁有能力去爭取自己的未來。

如果可以選擇當出水的荷花，怎麼會有人選擇當池裡的爛泥？

身為一個媽媽，真的無法看著孩子穿不暖、吃不飽。有時看到這些辛苦的孩子，就覺得上天對我實在太好了，給我這麼多的資源和能力，讓我可以照顧好自己的孩子，還有餘力去照顧別人的孩子。

18 老師這個身分

我和輔導老師合作很多年，只要學校有需要幫忙的家庭或阿嬤，我們兩個就會討論該怎麼處理。捨不得眼前的孩子穿著破爛的鞋子、單薄的衣服、交不出該繳的費用，我們兩個就會開始分工合作。

有一年，遇上一個身障又單親的媽媽帶著兩個孩子。姐姐安置在我班上，但是住的地方離學校很遠，孩子頻繁曠課，讓我三不五時就得開車去家裡找人。我記得第一次下班後去找孩子，幽暗的巷子、路邊廢棄倒塌的屋子、滿天飛舞的蚊子、排水溝的惡臭，一切都讓我很想轉身逃走。

到了孩子家，她媽媽幫我開門。進到家裡，牆壁上密密麻麻都是蚊子，燈光昏暗，桌上擺滿了泡麵碗。我問她們都吃這些嗎？那媽媽說對，三餐都吃泡麵，兩歲的妹妹吃到二十幾公斤，衣服又小又緊，卻常常生病。我那個學生的牙齒則幾乎爛光，看來營養不均衡又缺乏衛生習慣，這一大兩小的生活看來陷入了困境。

看到這個樣子我實在受不了，立刻回家把所有可以吃的麵、蛋、肉、餅乾、麵包全送過去，還去幫小妹妹買了上衣、長褲，讓她穿合身的衣服。拿了殺蟲劑幫他們噴灑在門口排水溝，讓聚集的蚊子散去，帶電蚊拍過去消滅了上百隻的蚊子。帶著母女三人去全聯，讓他們選自己需要的東西，結果姐姐拿了一包餅乾，妹妹拿了一包糖果，媽媽拿了一包衛生棉……

我和輔導老師幾乎是以輪班的方式密集到她們家，教她們收拾房子，把桌面上所有的泡麵碗清掉，要她們把會孳生蚊蟲的垃圾全部丟掉，教那媽媽把過季過小的衣服全部回收，讓三個人睡的雙人床不會被衣物占去空間。在那媽媽高血壓快昏倒時，半夜十二點，輔導老師把兩個孩子帶回家睡覺，我陪著媽媽去醫院急診吊點滴。

物質上的幫助，幫得了一時，卻幫不了一世，更重要的是教育。那媽媽沒有能力工作，都和小妹妹待在家裡，所以姐姐當然不想上學，母女三人常常就躲在家裡不出門。

我想辦法募款，讓那遲緩的妹妹上幼稚園，請蘋果基金會每個月的補助支票寄到學校，要媽媽每個月到學校領支票，由主任當壞人，告訴媽媽只要孩子曠課幾天，我們就會通知蘋果基金會，讓她們晚幾天寄來……從那時開始，孩子沒有曠課過。

從來沒寫過功課的她，到我班上以後，我要求她必須跟同學寫一樣的功課，讚美她的字寫得很美，稱讚她進步很多，即使在頻繁曠課的那段時間，她的功課從來沒缺交過；分組的時候確認她沒有落單，下課的時候鼓勵同學找她出去玩。這樣弱勢的她，沒有受過任何人的一句惡言，沒有人對她態度隨便。

這位媽媽自己領有身障手冊和補助，也要求我替姐姐寫評估表，想讓姐姐也領到智能障礙手冊領取補助。但是我拒絕了，那孩子即使三天兩頭請假，考試都可以考八十分，怎麼可能是智能障礙？讓她們多領一份身障補助，或許我可以輕鬆一點，付出少一點，但是我不願意讓智能正常的姐姐對自己的能力有錯誤的認知。

那個媽媽完全沒有身為家長的功能，但這不是孩子的錯，略過媽媽，我們所有的努力只有一個目標：讓孩子溫飽，讓孩子正常上學。

那兩年，我和輔導老師為了這孩子疲於奔命，寫不完的報告、到處找小孩、隨時替她們補充物資，但我們從來沒有計較過付出多少或花多少時間。

我和輔導老師常常互相鼓勵，即使當時被心理師說我們做了太多沒用的事，即使很多人說我們把無能的媽媽寵壞，即使畢業後這個孩子從來沒有消息，讓我們不知道那兩年我們做的一切有沒有意義，但是，我們沒有任由一個在水裡載浮載沉的孩子在我們面前沉淪。

努力或許不能改變什麼，但是我們從來沒有愧對自己，沒有愧對當時身為她的老師的這個身分。

19 如果他是我們的孩子

之前帶過一位中度自閉症的孩子。那孩子中、低年級很乖巧，每次見面都會很有禮貌的打招呼，讓我放心的接了他。沒想到上了高年級，因為青春期的混亂，還有老師、同學、環境的改變，使得他的情緒起伏非常大。

自閉症的孩子對某些生活細節非常堅持，有他們特有的規則。升上五年級後，老師、同學，還有很多規定都變了，加上青春期，孩子有了很多和中年級不一樣的狀況，讓我無力應付。

孩子們去上科任課，我常常在教室聽到他遠遠傳來的尖叫聲，只好趕緊衝到科任教室把他帶回來。上課時他會不斷的念著廣告詞、大動作甩手；有時遇到考試，他會非常焦慮的敲打桌子、打頭、口中念念有詞；生氣時他會拍打地板後躍起，跳得好高好高。

我一直在想是哪裡出了錯？是不是因為我對他太好，跟之前老師管教的方式不同，讓他有了偏差的行為？我以為應該更嚴厲的對待他、管教他，沒想到用盡各種嚴格的方式都沒有改善，我常常看著他被我處罰時那憤恨的眼神。他痛苦，我也很難受。

後來就醫才發現，那陣子他剛開始進入青春期，加上腦部不正常放電讓他極度不舒服，才會常常尖叫。知道了他的痛苦，我帶著學生學他尖叫大吼，吼兩聲喉嚨就痛了；我們一起甩手，才甩到第十下，孩子們就叫苦連天。

我問孩子們：「如果他能夠控制，會不會願意一天大吼數十次、甩手上千下呢？」

只要班上有孩子對他的態度不好，我一定很嚴肅的教育全班。「你們對他的態度他說不出來，但是他都知道，不可以用這樣的態度對他！」

我在班上給他友善的環境和同學，資源班老師則負責他的學習。他的媽媽常跟我一起想辦法，帶他去找問題，還替孩子找出優勢。他從五年級開始學鋼琴和畫畫，這孩子在國二竟然開了畫展！

把欺負或排擠同學的態度放大，隨時指正和處理，斷絕下一次排擠行為的發生；把幫助特殊生的友善行為放大，即時的公開獎勵和讚賞，強化這些好的態度。

那兩年，他在班上就像是個小弟弟，每個孩子都細心照顧他，完全沒有霸凌的狀況。

班上的孩子是阻力還是助力，全賴老師的引導和教育。老師公開批評特殊生、對特殊生表現出鄙夷的態度，孩子就會有樣學樣。不斷公開讚美特殊生的好行為，提醒其他孩子他的辛苦和努力，強調自己保護班上每一個孩子，就不會有人受到欺負。

仔細觀察和不斷教育，就是杜絕霸凌的唯一方式。老師的力量很強大，是在教室裡能保護特殊生的重要角色。普通班老師在班上，一個人得面對二十幾個孩子，上課時很難放下全班把特殊生教到會，像我家妹妹的讀寫障礙，就是老師無法克服的難題。那兩年很感謝媽媽和資源班老師，不斷的陪我找問題、找方法，在我疲累的時候及時出手協助。

特殊生在選擇學校時，優先考量的應該是特教資源，而非學校特色。要有足夠的特教資源來支撐普通班老師，融合教育才能施行。

我常常在想，如果這個特殊的孩子是我們的孩子，我們會不會用同樣的方式對待他呢？

某天，帶著妹妹去上英文課，我才發現這孩子長好大了，頭髮這麼長，腿這麼長。這條路很辛苦，但是我會陪她一起走。

20 忍耐無法終結惡意

昨天看到有位媽媽在社團中說，自己的孩子幫同學取了綽號，還用橡皮筋射同學，結果就被同學打了一巴掌，覺得老師處罰不公平……

如果只看結果，我們當然覺得動手就是不對。這位媽媽可能想說兒子只是叫個綽號，為什麼要被打？但是，幫別人取綽號和用橡皮筋射同學，這兩個行為都非常危險，一定要好好教育。橡皮筋射到眼睛有可能會瞎掉，嘴巴壞的孩子常常會惹來很大的風險。

國中時，有個男同學因為我的名字是雅琪，常當眾用台語叫我「夜市呀」或「蟾蜍」。他一叫，所有男生就會哄堂大笑，惹得我又羞又怒。我當時是桌球校隊，身高一百六十七公分，體力很好，我在心裡練習千百遍，左鉤拳再來個飛踢，下次再這樣叫我一定狠狠揍他。但是我媽常告誡我們不可以亂來，我忍很久，每次都惡狠狠告訴他不要叫，可是白目的人叫不醒，完全無用。

直到有一天，他又當著大家的面叫我：「蟾蜍、蟾蜍！」不斷的叫著，警告他幾次後更變本加厲。旁邊的男生看到我生氣，也跟著大叫：「蟾蜍、蟾蜍！」我一時惱羞成怒、情緒失控，衝上去就給他一巴掌。他沒有準備，被我啪的一聲打得臉頰紅通通一個巴掌印。

高我一個頭的他，籃球鞋直接踢在我的小腿上，我的小腿當場血流如注。我不以為意，撲上去繼續打他，旁邊的人嚇呆了，趕緊把我們拉開。我記得自己披頭散髮，及膝的白長襪都是血，還被老師訓斥一個女孩子家怎麼可以動手打人。但是，從那時開始，沒有人敢再替我取綽號。

有時我們只看結果，覺得動手的人就是不對，但是喜歡嘴砲的孩子真的很多，以羞辱別人為樂，讓人當眾難堪。那是我第一次跟同學打架，踩到了我的極限，會讓我豁出去，寧死也要捍衛自己的尊嚴。

惡意替別人取綽號，很容易造成霸凌。孩子們從眾的心理，會讓沒有思考能力的人跟著喊，只是因為好玩。

通常我處理這樣的問題，會把所有孩子找來。除了主角，其他人都會說：「我是跟著他叫的！」我會問他們：「你沒有思考能力嗎？不要把責任推給別人，從你嘴巴講出來的，自己就要負責！」跟著叫的人全都會被我處罰。

我們平時就要教育孩子不要嘴砲別人，因為不知道什麼時候會遇到像我一樣衝動的人，被打是遲早的事。除非當事人同意讓大家叫親暱的稱呼，否則絕不能擅自替別人取讓人難堪的綽號。一次的衝突有可能是長久的情緒累積，忍到受不了時，往往就豁出去，用盡全力拚了，後果就會不堪設想。

忍耐無法終結任何惡意，如果孩子正承受壞嘴的攻擊和霸凌，一定要教育孩子如何面對。先提醒對方停止，讓孩子向老師求助。如果惡意還是無法停止，家長就要直接找老師了解狀況，提醒老師要處理這樣的欺凌。

打架真的是最後、最差的方法，我到現在小腿上還留有當時的傷痕。一定就是那條傷痕，害我高中沒有考上長榮空姐的，你們看，打架的後果是不是很嚴重？

我不是挨打就會趴下的人

跌倒後拍拍灰塵、挺起背脊，往前走得更堅定

作者／神老師&神媽咪（沈雅琪）

主編／林孜懃
特約校對／呂佳真
封面設計／黃宏穎
內頁設計排版／陳春惠
行銷企劃／鍾曼靈
出版一部總編輯暨總監／王明雪

發行人／王榮文
出版發行／遠流出版事業股份有限公司　台北市南昌路2段81號6樓
電話／（02）23926899　傳真／（02）23926658　郵撥／0189456-1
著作權顧問／蕭雄淋律師
□2020年1月15日　初版一刷

定價／新台幣320元（缺頁或破損的書，請寄回更換）

ISBN 978-957-32-8713-1

遠流博識網 http://www.ylib.com　E-mail: ylib@ylib.com
遠流粉絲團　https://www.facebook.com/ylibfans

國家圖書館出版品預行編目(CIP)資料

我不是挨打就會趴下的人：跌倒後拍拍灰塵、挺起背脊,往前走得更堅定 / 沈雅琪作. -- 初版. -- 臺北市：遠流, 2020.01
面；　公分
ISBN 978-957-32-8713-1(平裝)

1.自我實現 2.成功法

177.2　　108022779

神老師＆神媽咪的

不藏私家常食譜

料理，是沈雅琪挑戰自我或療癒自己的方式；
也是神媽咪給孩子與先生最有愛的家常味；
甚至是神老師鼓勵學生的溫暖心意。
與神老師一起，做出傳遞真心的好滋味！

古早味蛋餅

材料 （約5捲）

A. 蛋餅糊：

水 300g

低筋麵粉 80g+高筋麵粉80g（或直接用中筋麵粉160g）

玉米粉 10g

鹽巴 少許

蛋 2顆

蔥花 備用

B. 內餡：

火腿片、蛋、起司片

做法

1. 把蛋餅糊材料除蔥花外全部拌勻，靜置半小時，也可以蓋上蓋子後冷藏一夜。
2. 從冰箱取出重新攪拌均勻後，加入蔥花拌勻。不沾鍋放一點油，用中小火熱鍋，倒2匙湯勺的蛋餅糊在鍋子中心，讓蛋餅皮成形並稍微上色後翻面。
3. 在鍋邊煎火腿片盛起。
4. 把蛋液倒在鍋邊，覆蓋上蛋餅皮，等蛋熟了，翻面，放上火腿片、起司片後捲起。
5. 可淋上牛排醬或醬油膏。火腿片可以換成照燒肉片、培根、牛肉片，都超好吃！

壽喜燒牛小排蓋飯

材料（約5人份）

牛小排火鍋肉片 1盒
洋蔥 1顆
壽喜燒醬 2杯（市售）
雪白菇 適量
鴻喜菇 適量
玉米筍 適量
高麗菜 適量
蔥花 適量
白芝麻 少許
七味粉 少許
白飯 5碗

做法

1. 將洋蔥切絲，在鍋裡放點油，以小火拌炒。加半杯量米杯的水燜煮到洋蔥軟而透明，加入2杯市售壽喜燒醬，加4杯水。
2. 續加入各種蔬菜：高麗菜、雪白菇、鴻喜菇、玉米筍……燜煮約5分鐘至蔬菜煮軟。如果有青花菜這時候可以加入。
3. 加入肉片燙煮約3分鐘，所有肉片煮熟即可熄火。
4. 碗中盛好白飯，放上蔬菜、肉片，撒點蔥花和白芝麻，淋上一些醬汁，撒些七味粉。大功告成！

神老師細細念

- 這邊指的「杯」，用的是量米杯。
- 依照蔬菜量和個人口味不同，壽喜燒醬與水的比例大約是1:2，不要一次倒太多，邊煮邊試味道才不會過鹹。

滷牛腱

材料

牛腱 3顆
蔥 5根
蔥白 5根
薑 2大塊
米酒 2大匙
蒜頭 數顆
醬油 1.5米杯
冰糖（或砂糖）
　1大匙
米酒 5大匙
豆瓣醬 3大匙
白胡椒 2小匙
滷包 1包

做法

1. 備一鍋冷水，5根蔥切段放入，薑1大塊切片，放入米酒2大匙。煮滾後放入牛腱，煮10分鐘熄火，泡10分鐘撈起，沖冷水，牛腱切塊備用（也可以切片，但不要切太薄，滷完會縮水）。

2. 另外準備1大塊薑切片，取蒜頭數顆與蔥白5根切段爆香，加入切好的牛腱拌炒。倒入米酒5大匙，加入醬油、糖、豆瓣醬（怕辣的可以加少一點，但是不加會差一味）、白胡椒，拌炒後加入適量的水，倒入燉煮鍋，加入一包滷包。

3. 放入電鍋，外鍋放一杯水煮至跳起。如果立刻就要吃，外鍋可以再放一杯水，跳起後牛腱就會非常入味軟嫩。味道也可依自己家的習慣調整。

4. 滷好一鍋完全放涼，可以分裝後冷凍，想吃的時候再取出解凍加熱，就是即時美味。

蔥油雞腿

材料

去骨雞腿 2隻
蔥 3根
薑片 7片
鹽 6~7小匙
鹽 200g（做香料鹽用）
白胡椒 2小匙
八角 5~6顆
花椒粒 少許
蔥花 適量
油蔥 適量

做法

1. 先煮雞腿。取一鍋水約2000c.c.，加入3根蔥的蔥段、7片薑片、6~7小匙鹽煮滾。放入去骨的仿雞腿，水滾以小火煮5分鐘後熄火，蓋上蓋子燜約20分鐘，涼一點就可以切了。雞腿醃的時間不長，所以煮雞腿的湯中可以多加一點鹽巴。
2. 製作香料鹽。取200g鹽、2小匙白胡椒、5~6顆八角、少許花椒粒，以小火乾炒到有熱氣與香氣，關火燜到涼，裝入空胡椒罐備用。
3. 製作蔥油醬。準備一個大碗，放入蔥花和油蔥。取3大匙香油加熱至有香氣熄火，將香油淋在蔥花和油蔥上，加一點香料鹽、一大匙雞湯（煮雞腿的湯）攪拌均勻。
4. 把切好的雞腿放在盤子中間，放上斜切的蔥段，淋上蔥油醬，兩隻雞腿秒殺！

神老師細細念

- 買雞腿時可以請老闆幫忙去骨，雞腿骨帶回來剛好燉湯，一舉兩得。
- 雞腿還沒淋醬時可以先嚐嚐看鹹度，搭配蔥油醬做口味的調整。

檸檬&草莓牛粒

材料（3公分的圓形約96片）

A.
全蛋 2個
蛋黃 4個
糖粉 130g
低筋麵粉 180g

B. 夾餡草莓奶油霜
發酵奶油 100g
細砂糖 10g
乾燥草莓 30g
草莓果醬 20g

C. 檸檬奶油霜
發酵奶油 100g
細砂糖 10g
檸檬細皮 1顆

D. 工具
在A4紙上印上3公分圓形，間距大一點，才不會烤的時候擠在一起。

做法

1. 烤箱預熱上下火150/170度。
2. 把室溫的全蛋和蛋黃打進攪拌缸內，拿一個鍋子裝溫水，把攪拌缸放進去，讓蛋可以加一點溫度。
3. 加入所有的糖粉130g，高速打到攪拌球拿起來蛋糊不易滴落。取多一點蛋糊，滴下後不會馬上沉入。
4. 倒入所有過篩後的低筋麵粉，由下往上翻攪，不要攪拌過度，只要看不見粉粒就好。
5. 在烤盤上鋪上烘焙紙，紙下放上畫有3公分圓形的A4紙，把蛋糕糊裝在擠花袋裡，在烘焙紙上擠出3公分圓形。
6. 用細網篩上糖粉2輪。
7. 以150/170度烤12分鐘。出爐後在烤盤中置涼再取下，中間夾上奶油霜即可。

神老師細細念

- 過度攪拌容易造成消泡，只要攪到沒有粉粒就好。
- 乾燥草莓跟奶油一起打，會留下一些顆粒，吃起來口感很好。
- 很多牛粒的配方烤溫很高，但是我的上火只要超過150度就會上色，烤溫一定要依照自己的烤箱來調整。

巧克力戚風蛋糕

材料（烤盤38cmX32cmX7cm）

A.蛋糕體
液體油 280g
奶粉42g（加水至420g）
低筋麵粉 410g
可可粉 145g
巧克力豆 100g
蛋黃 20顆
蛋白 20顆
糖 300g

B.表面巧克力裝飾
巧克力豆 180g
鮮奶油 100g

做法

蛋糕體做法：

1. 烤箱預熱至上下火200/130度。
2. 液體油+奶粉水一起邊攪拌邊加熱，加熱至約50度時，倒入可可粉攪拌均勻。
3. 續倒入巧克力豆攪拌，約65度時熄火。倒入低筋麵粉攪拌均勻（動作要快，不然會拌不動，溫度不要太高）。
4. 加入蛋黃攪拌成蛋黃糊。
5. 蛋白+糖分3次打發至溼性發泡的蛋白霜。
6. 在蛋黃糊加入一些蛋白霜攪拌均勻後，將全部的蛋黃糊倒入蛋白霜中攪拌均勻。
7. 在深烤盤內鋪上一張白報紙，將蛋糕糊倒入，用筷子畫幾圈將大泡泡弄破，整盤重敲一下。
8. 進烤箱以上下火200/130度烤10分鐘。
9. 改以上下火140/140度續烤30分鐘。
10. 用蛋糕測試棒測試，確定沒有沾黏後出爐。
11. 在蛋糕表面放一張烘焙紙，放一個網架，蛋糕直接倒扣出來，架高置涼。

表面巧克力做法：

1. 將鮮奶油隔水加熱，攪拌後邊邊有稍微滾動，熄火。
2. 倒入巧克力豆，攪拌至完全融化，倒在蛋糕表面上刮平後，用鋸齒狀的刮板刮出紋路。

神老師細細念

- 抹好巧克力裝飾後，要冰過再切會比較漂亮。
- 這裡的烤溫和時間僅供參考，不同烤箱需自行調整溫度和時間。
- 燙麵法製作蛋糕最關鍵處，是在液體加熱後加入低筋麵粉的部分。寧可溫度不夠高，千萬別太熱，不要超過65度，不然麵粉倒下去會拌不動。如果遇到這種狀況，趕快把蛋黃全部倒進去一起攪拌，如果還是拌不動，就再打一顆全蛋，一定要讓蛋黃糊滑順流動。

檸檬馬林糖

材料（約50顆）

蛋白 100g
細砂糖 100g
糖粉 100g
檸檬細皮 1顆量
檸檬汁 半顆量

做法

1. 蛋白100g+細砂糖100g，中小火隔水加熱至砂糖融化後打發。
2. 篩入100g糖粉，加入檸檬細皮和檸檬汁。
3. 在擠花袋裡放一個花嘴，將打好的馬林糖裝入袋中，依序擠在烤盤上，兩個馬林糖需要有點間隔才不會黏在一起。如果擠出來就攤開，應該是打不夠發，可以倒回鋼盆繼續打到蛋白霜有光澤，拉起來只剩下小彎鉤。
4. 以烤箱上下火70/70度，烤3小時。
5. 出爐後立刻裝入保鮮盒。馬林糖只要接觸空氣5分鐘就開始軟化了。

花生巧克力餅乾

材料（約13片）

無鹽奶油 100g
二號砂糖 60g
細砂糖 60g
花生醬 70g
蛋白 60g
中筋麵粉 170g
可可粉 15g
鹽 少許
巧克力豆 80g

做法

1. 烤箱預熱175/170度。
2. 將無鹽奶油加入二號砂糖和細砂糖，攪打至泛白，確定奶油沒有結塊。
3. 加入花生醬打至均勻。
4. 分次加入蛋白，打至均勻。
5. 加入中筋麵粉、可可粉與少許鹽，用慢速攪拌至8分均勻。
6. 加入巧克力豆，以慢速攪拌至均勻。
7. 挖取每個50g餅乾麵團置於烤盤上，壓扁。
8. 以上下火175/170度，烤12分鐘。
9. 出爐後，讓餅乾留在烤盤內，等餅乾變硬再移到網架上。

神老師細細念

- 我用的是鐵塔牌發酵奶油。
- 我用的花生醬有花生顆粒，微甜。
- 粉類我都沒有過篩，神老師太懶惰，只有做蛋糕才會篩麵粉。
- 這個配方吃起來不會太甜，建議不用再減糖，巧克力餅乾就是要有一點甜啦！
- 這餅乾不是很脆硬的那種，有點軟。
- 這是一款很可怕的餅乾，吃了會停不下來……

巧克力布朗尼

材料（烤盤42cm×30cm半盤）

A.巧克力糊
苦甜巧克力豆 570g
無鹽奶油 350g
動物性鮮奶油 310g

B.蛋糊
全蛋 20顆（常溫）
細砂糖 420g
鹽 1小匙

C.粉
低筋麵粉 228g
可可粉 228g

D.
堅果 隨意

做法（全蛋打發+燙麵法）

1. 烤箱預熱設定上下火各攝氏170/160度。
2. 將A所有材料放進鋼盆裡，小火隔水加熱融化至水溫約50度。
3. 將B所有材料倒進攪拌機的鋼盆，全蛋打發到蛋糊可以寫字（維持形狀不會立即消融）。
4. 將C粉分次倒進做法2的奶油鍋中，攪拌均勻後，先倒入1/3打發的全蛋糊攪拌均勻。
5. 將做法4的奶油鍋全部倒入全蛋糊鍋，攪拌均勻成蛋糕糊。
6. 烤盤鋪上白報紙，將攪拌均勻的蛋糕糊倒入烤盤中，抹平，撒上堅果。
7. 入爐以170/160度烤10分鐘，轉向，再以160/160度烤25分鐘，總共35分鐘。
8. 出爐後，整盤蛋糕放置涼架上，待冷卻再切小塊。

沿虛線剪下

神老師細細念

- 做法2將A融化時，火不能太大，用小火就好，偶爾攪拌一下比較快融化。
- 常溫全蛋打發要夠，要打到攪拌球拿起來蛋糊滴下去不會馬上沉下去。
- 溫度一定要視自己的烤箱調整。烤這蛋糕時，我的烤箱只要上火超過170度，就會上色太深，下火超過160度，就會從中間凸起來……
- 這蛋糕溼潤可口，超好吃的，可是熱量很高呀！
- 放涼後再裝盒，常溫可以保存2至3天。

沿虛線剪下

我不是挨打
就會趴下的人